Horst Bastian · Gewalt und Zärtlichkeit

NEUES LEBEN

Horst Bastian

# Gewalt und Zärtlichkeit

Fünfter Roman

Verlag Neues Leben

Mit einer Nachbemerkung des Verlages und einem Auszug aus dem Exposé des Autors.

ISBN 3-355-00550-9


Lizenz Nr. 303 (305/307/87)
LSV 7001
Schutzumschlag und Einband: Helmut Wengler
Typografie: Walter Leipold
Schrift: 10 p Garamond
Gesamtherstellung: Karl-Marx-Werk Pößneck V 15/30
Bestell-Nr. 644 367 5
00650

*Und du glaubst, du hältst das aus bis morgen,*
*bis Weihnachten, bis zum März?*
*Haben wir sie in uns, die Antwort, wie den*
*Tod? Von Anfang an? Steht es bei uns, ob*
*uns eine Antwort wird oder nicht?*

*Wolfgang Borchert*

# 1. Kapitel

Unversehens war er auf die andere Seite des Feuers geraten. In der Wiese hatte sich etwas bewegt, gleichsam ein Scherenschnitt gegen die weniger dunkle Nacht, und hundert oder mehr Herzschläge lang, wider alle Vernunft, hatte er gefürchtet und gehofft, Karin verberge sich dort und beobachte ihn. Schleichwege, nervöse Heimlichkeiten ... Zuletzt war er gerannt, bis zu den Knöcheln versackt im Morast, aber am Ziel dann hatten ihn nur Zweige gestreift, weich und biegsam, ein Weidengebüsch. Über ihm ein grinsender Mond, fraglos von gleicher Farbe wie im Augenblick Max' Gesicht. Da hatte er das Grinsen erwidert, sein Eingeständnis: Mein Benehmen ist lächerlich. Karins Adresse war die Nervenklinik Brandenburg-Görden, seit Jahr und Tag nun bereits. Dort lebte sie ohne Erinnerung. Gelöscht aus ihrem Gedächtnis waren dieses Dorf Bruch mit den Wiesen und Feldern davor und dem sowjetischen Ehrenmal, das Bild ihrer Tochter Grit und ihres Mannes Franz Brösel, gelöscht war ihre verzweifelte Liebe zu Max. Vorbei oder nie gewesen – vielleicht. Besucher jedenfalls erkannte sie nicht, und niemandem gab sie Antwort. Ärzte und Pfleger bestätigten das. Auch richtige Lieder sang sie nicht mehr, sie dichtete selbst, lehnte manchmal an einem Baum, und andere Kranke hörten ihr zu, und die nahm sie nicht wahr und sang:

„In Rußland steht ein Tintenfaß,
in Rußland ist es kalt.
Ein Goldfisch wohnt im Tintenfaß,
schon hundert Jahre alt ...«

Um Tintenfaß und Goldfisch kreisten ihre Gedanken, mit Bleistift malte sie die auf Papier, und ausschließlich ihnen widmete sie ihre Verse. Eine ebenso kleine wie verzauberte und rätselhafte Welt als Ersatz für das große Vergessen ...?

Eine Weidengerte zwischen Daumen und Zeigefinger hatte Max im Fortgehen nicht losgelassen und ihr die Blätter abgestreift. Ja, so hatten sie sich zueinander verhalten, Karin und er, haargenau so: hatten nicht abgelassen vom anderen und ihm dennoch den Rücken gekehrt. Hatten sich wieder und wieder verletzt. Er dachte es ohne Schmerz. Es war nicht die Geschichte von Fremden, natürlich nicht, aber es war eine vergangene Geschichte; man weiß noch im Sommer von Frost und Schnee im vergangenen Winter, aber man friert nicht mehr. Wirklich nicht? Ist alles überwunden, bewältigt, auch die Erfahrung? Und hatte er vorhin nicht auch ein wenig gehofft, Karin erspäht zu haben? Warum denn *gehofft*? Vielleicht, um ihr etwas sagen zu können, zum letztenmal. Ja, gerade heute, es wäre ihm wichtig gewesen vor seinem langen Weg nach Vietnam. Das Unausgesprochene war sonst Gepäck. Zu vieles war unausgesprochen, sogar das mindeste: Gleichgültig, Karin, warst du mir nie. Es tut mir weh um dich, um uns. Ob gut oder schlecht, mich hat es immer ziemlich gepackt. Hörst du, auf einen Hallodri bist du nicht reingefallen. Deine Würde, dein Stolz sind dir geblieben – du weißt es nur nicht.

Eine Liebeserklärung? Ach wo. Nur ein Geständnis, viel zu spät abgelegt – wohl erst am Grab einer Toten.

Versonnen war er zurückgekehrt in das Licht des Feuers. Wenn der Wind die roten und gelben Flammen duckte –

es brannte das Holz verschiedener Bäume –, sah er die Gesichter der anderen. Viele Gesichter. Und alle erhitzt. Ihm tränten die Augen, der Rauch. Er stand ihm im Weg, diesem Rauch, war deshalb allein auf dieser Seite des Feuers, aber er rührte sich nicht. Nur von hier aus sah er die Gesichter von vorn, so viele auf einmal, sie taten ihm wohl, und vielleicht nahm er Abschied von ihnen. Nicht bewußt und nicht unbewußt – er ahnte, daß es sich so verhielt. Leise Wehmut, nicht mehr, aber sie tat ihm gut.

Gewiß war es ein Zufall, daß sich Bohumil Nowack in der Mitte der einen Halbkreis bildenden Zuschauer befand. Aber wo immer er auch sonst gestanden hätte, jeder andere Platz wäre durch ihn zum Mittelpunkt geworden – soviel Güte strahlte er aus. Fünfzehn oder gar zwanzig Kinder, alle mit Pioniertüchern und weißen Blusen, die jüngsten ungefähr sechs, die ältesten zwölf Jahre alt, wichen ihm nicht von der Seite. Jedes versuchte, ihn anzufassen, gelegentlich wenigstens. Dann gab es Unruhe um ihn her, er schwankte ein bißchen, ertrug es lächelnd und streichelte hier eine Schulter und dort einen Hinterkopf. Barhäuptig stand er, und seine spärlichen grauen Haare mußten sich vom Wind zausen lassen, als wär ihr Besitzer ein feuriger Bursche und kein über achtzigjähriger Greis. Manchmal warfen die Kinder Holzscheite in das Feuer, wagten sich dann näher heran, die Flammen loderten auf, es knisterte, knackte, und der Alte massierte sich das Kinn, pustete sichtlich und würdigte so die Tat, die mutige und geschickte. Gleich darauf holte er eins seiner berühmten, weil riesigen Taschentücher hervor und nötigte es den Kindern auf. Ohne ihn hören zu können, wußte Max doch, was der alte Mann sagte: „Tut euch dran reinigen, ist kein Rotz nicht drin.“ Das war allen sowieso klar, sie wiesen das Tuch nicht zurück. Danach blickten sie wieder ernst in das Feuer, und falls manche seufzten, so höchstens wohlig: Sie waren gut aufgehoben, der alte Mann hinter ihnen war ein schützender Berg.

Wer das nicht fühlte und sah, war arm. Der verstand auch nicht, daß in diesem *Friedensfeuer* in den Wiesen vor Bruch lauter Geschichten passierten, lautere Geschichten. Der kriegte nicht mit, warum die Augen der Kinder glänzten – scheinbar nur blickten sie in die Flammen, sie schauten dem Frieden ins Gesicht.

Es war die Nacht vom 8. zum 9. Mai 1970. Bald würde der Tag der Befreiung übergehen in den Tag des Sieges. Noch fünfzehn Minuten. Eben setzte vom Dorf her das Läuten der Turmglocke ein.

Hundert Meter entfernt, im Dunkeln, lag das sowjetische Ehrenmal.

In Rufweite auch die Straße. Dort lärmte ein mit Diesel betriebener Generator. Am Grabenrand, in ihren Silhouetten gut zu erkennen, parkten ein Bus und drei Lastkraftwagen. Kommandofetzen in russischer Sprache. Das jetzt war die Stimme des Reiters.

Wie aufgeregt sie klingt, dachte Max, und es lief ihm heiß und kalt über den Rücken. Welch eine Stunde im Leben des Alfred Bachler! Aus Parteidisziplin war er wieder Deutscher geworden, nach Ende des Krieges, der Offizier der Sowjetarmee. War hoch zu Roß den anderen Deutschen begegnet, angewidert von denen, abgehoben, ein Kommandierender, ein Standbild: Landsleute, was hätte ich mit euch schon gemein. Rein formal, der deutsche Paß, bedauerlich, daß es anders nichts wird, also her damit, doch ohne Sentimentalität. Und jetzt war er irgendwo dort im Dunkeln zwischen Russen und Deutschen zu Fuß unterwegs, der Reiter heute, fünfundzwanzig Jahre danach. Jetzt und dort, dachte Max, unterscheidet er höchstens in Große und Kleine, in Dicke und Dünne, in Russen und Deutsche unterscheidet er nicht. Mein Stief- und Ziehvater Alfred – sagenhaft, wie es manchmal so kommt.

Erneut wandte er sich den Gesichtern auf der anderen Seite des Feuers zu. Nirgends die kleine Frau – wo steckte die Mutter? Das Thema Vietnam mied sie in den Gesprächen mit ihm, aber während der letzten Tage hatte sie manchmal die Nerven verloren, aus nichtigen Anlässen, und schließlich geweint. Natürlich kannte er ihre Gedanken: Der Krieg fragt nicht danach, ob einer bauen will oder schießen, macht mir nichts vor, wer nach Vietnam geht, zieht in den Krieg. Ihr Gram bedrückte ihn, er hatte ein schlechtes Gewissen vor ihr. Was konnte er tun? Eventuelle Gefahren – er kannte sie ja selbst noch nicht – leugnen oder herunterspielen? Nein, sie würde nur doppelt mißtrauisch werden. Besser, er blieb bei den wenigen Sätzen von gestern; er hatte ihre Hände genommen und lachend gesagt: „Ich geh doch nicht sterben, Mutti. Daß ich aufpassen kann auf mich ... Du traust mir wohl überhaupt nichts zu? Hier, klopf mir mal an die Stirn. Na bitte, es gibt kaum Härteres." Daß sie sich nicht hatte aufheitern lassen, war ihm dann auf den Magen geschlagen. Mißmutig nur hatte er später mit ihr gesprochen, ziemlich gereizt sogar. Da war sie still geworden, ängstlich still, und hatte nur erschrocken geguckt.

Keine schöne Erinnerung, Max schämte sich. Einstehen für den Frieden, gütiger Himmel, wie leicht sich das sprach. Wie leicht es selbst war, schwerste Arbeit dafür zu tun. Mancher war solcher Leistung gewachsen, besonders dann, wenn er Lohn und Beifall erwarten durfte. Aber Frieden bewirken im Kleinen, tagtäglich, Wärme abgeben, ein Mensch sein wie Bohumil Nowack, Ausdauer darin beweisen, dem Frieden menschlichen Herzschlag verleihen, ihn vorstellbar machen für andere durch das eigene Gesicht – wie wenige brachten die Kraft dafür auf.

Plötzlich begriff Max, daß Nowacks Taschentuch, dieses stets vorhandene Extrataschentuch, nur das äußere, ein wenig hilflose Zeichen einer entschiedenen inneren Haltung war: Ist sie villeicht ungebihrlich, meine Liebe zu euch, nur was zur Not, wie Kartoffelschalen, na, seht driber weg und tut euch dran nähren; denn ist man schwach auf der Brust, nicht wahr, tribt sich zugleich der Blick –

so möchtet ihr ihn womöglich verfehlen, den Weg ins Schlaraffenland.

Der Alte und der Frieden. Der alte Frieden. Geschunden, gesteinigt. Selbstlos geblieben. Und überhaupt nicht bitter geworden. Faßbarer nur, freundlicher auch und anziehender von Mal zu Mal. Kann man, überlegte Max, den Frieden als Vorbild haben? Es auch öffentlich sagen, das Vorbild also beschreiben, es namhaft machen, ihm konkrete Züge verleihen? Man könnte, doch es wäre gewagt, sich daran messen zu lassen als Brigadier in Vietnam und außerdem als Parteisekretär. Klüger ist es, den Mund zu halten. Das schließt ja nicht aus, im stillen sich selbst am Vorbild zu messen, Abend für Abend. Und danach in den Spiegel zu gucken: Kerl, siehst du nichtswürdig aus. Oder – auch das vielleicht ab und an: Na ja, bist dennoch miserabel rasiert ...

Eben drängte Franz Brösel nach vorn. Wer ihm den Weg versperrte, den schob er einfach beiseite. Dabei zog er jemanden hinter sich her, zweifellos Grit, und die hob er nun aus der Menge und stellte sie vor sich hin. Seine Hände auf ihren Schultern; sie wirkten jetzt wie ein Denkmal. Vater und Tochter in Ewigkeit.

Auf dieses Bild hatte Max nicht gewartet, wie nach Ohrfeigen brannte ihm das Gesicht. Aber hinsehen mußte er, immer wieder, und er wünschte sogar, Grit möge ihn entdecken, ihm zulächeln, unbemerkt von den anderen, von Brösel vor allem unbemerkt und als kleiner Betrug an ihm. Ein sonderbares Lächeln war es, tastend, fragend, aber ganz rein und voller Zutrauen, mit dem sie Max bisweilen verwirrte. Wenn es ihn traf, war es ihm stets, als hätte ihn eine erregende Nachricht erreicht. Ein Brief. Auf diese Briefe wartete er, sooft er in Bruch war, nein, der Briefe wegen fuhr er hierher, sie waren ja abzuholen, postlagernd, nur persönlich zu empfangen. Mehr war ihm nicht geblieben von seinem Kind, mehr hatte er nicht zu erhoffen, und er tat es auch nicht. Doch dieses Lächeln brauchte er wohl, es war ihr gemeinsames Geheimnis, ihr einziges, herztief saß es, und niemanden außer ihnen ging es auch nur das geringste an.

Grit sah nicht her. Sie träumte in die Flammen hinein. Deren lebendiger Widerschein umgaukelte sie wie wirbelndes gelbes und rostbraunes Laub. Ein ebenso schöner wie unwirklicher Anblick, so unwirklich, daß Max Angst gehabt hätte, sich ihr zu nähern, um nicht erleben zu müssen, wie sich ein Trugbild in Rauch auflöst.

Nun war sie bereits zehn Jahre alt. Ganze sechs Monate davon hatte er sie um sich gehabt. Nicht mehr zu ändern, schade. Ob sie ahnte, daß er ihr leiblicher Vater war? Wahrscheinlich. Woher sonst das Suchende, nach Antwort Heischende in ihrem Lächeln? Doch sie nannte ihn Max oder Mäxchen, nie anders, und einzig Brösel war „Vati" für sie. Nicht irgeneiner, der beste. Das mußte man gesehen haben, wie sie ihm zulief mit ausgebreiteten Armen, gewahrte sie ihn unverhofft. Wie er dann in die Hocke ging, sie kitzelte, wie sie sich balgten, wie es ihm gleichgültig war, ob seine Kleidung zu Schaden kam. Dabei legte er gewöhnlich auf sein Äußeres Wert wie einer auf Freiersfüßen. Im übertragenen Sinne stimmte das auch, er warb um das Kind, vermutlich wollte er jünger wirken, Grit zuliebe. Im Vergleich mit den Vätern gleichaltriger Kinder hätte er sonst nicht gut ausgesehen. Ein Opa, einer, der schon Rente bekam. Eitelkeit steckte kaum dahinter. Eher wollte er ihr den Glauben vermitteln, sie hätte ihn noch für sehr viele Jahre, wäre für jetzt und immer geborgen; ein' feste Burg ist unser Bund, ein' gute Wehr und Waffe. Den Vorsitz der LPG hatte er abgegeben an Thomas Rasch. Kaum, weil er ausgelaugt war oder mit den Erfordernissen der Zeit nicht mehr Schritt hielt, er geizte womöglich um Stunden, die er erlebnisreicher im Zusammensein mit der Tochter verbrachte. Sein verstorbener Vater hatte die Erfüllung aller Sehnsüchte, hatte sein Glück in zwei Pferden gesehen. Für ihn, den Sohn, war zweifellos das Kind dieses Glück. Sein Beutegut, im Kampf erstritten, fast wörtlich zu nehmen, daß er dabei über Leichen gegangen war. Grit führte er durch das Dorf, als wäre sie ein Füllen, das irgendwann einmal größte Erfolge erringen wird, höchste Preise gewinnen. Zum Ruhme der Brösels, nie und nimmer für andere.

Ja, er hatte Karin geliebt, ohnmächtig, dies aber auch sich selbst gegenüber. Wäre es anders gewesen, er hätte sich Grit nicht so zuneigen können, so selbstverständlich und vorbehaltlos. Mit dem Verlangen nach Karin hatte er auch ihr Kind schon im Herzen gehabt. Es hatte nicht anklopfen müssen, keine Sekunde lang, es war längst drin gewesen, von Anfang an. Und hatte jetzt, da die Mutter in einer Klinik lebte, lediglich viel mehr Raum, hatte deren Platz noch dazu.

Dieses Begreifen war Leid für Max. Er schloß die Augen, ihn schwindelte plötzlich. Einmal hatte auch er ein Kind gehabt, nicht nur als Zustand, als Lebensanspruch, als Aufgabe längst. Eine nicht erwiderte Liebe, dachte er, schlimm genug, was aber mit einer, die gehaßt wird, die verboten ist, die einzig Zwietracht bewirken könnte und die man also zuschütten muß? Franz Brösel haßt mich, er weiß, wie ich fühle, haßt mich nur darum. Aber wie soll man das Ja zu einem Kind, das Ich-will, das Ich-möchte herausreißen aus seiner Seele, wie geht das? Denn vernünftig wäre es doch ...? Ja, vernünftig. Grit braucht mich nicht, ich hab das endlich zu akzeptieren, sie kommt besser ohne mich aus.

Nun, er ging ja für Jahre nach Vietnam. Brösel durfte beruhigt sein. Max dachte es bitter, es war kein durchweg unangenehmes Empfinden. Das ärgerte ihn, er fand sich kleinmütig, sentimental. Ging er etwa des Kindes wegen, rückte er aus? Die Frage sollte brüskieren, nicht wirklich nach Antwort verlangen. Es wären sonst Reste geblieben, die hätten ihm nicht ins Konzept gepaßt.

Zehntausend Kilometer von hier bis Hanoi, vielleicht sogar mehr. Die Zeit bis zum Abflug ließ sich bereits in Stunden benennen. Gut so. Wenigstens das gestand er sich ein.

Franz Brösel würde weiterhin Sonntag für Sonntag zu Karin fahren, bepackt mit Obst und Süßigkeiten. Er würde ihr gegenübersitzen, sanft und freundlich, er, ihr Mörder, und er würde erzählen von Grit und Bruch und den Leuten im Dorf, und einen Max Spinnt würde er gewiß nicht erwähnen, wozu auch, es wären nur Worte gegen die Stille und ansonsten ganz ohne Sinn.

Mach's gut, alter Mann, alles hat seine Ordnung – für dich. Und im übrigen kannst du mich mal.

Als Max erneut durch das Feuer blickte, waren Brösel und Grit verschwunden. Überhaupt herrschte dort drüben ein ständiges Kommen und Gehen. Die Kirchturmglocke wurde jetzt vernehmlicher geläutet; entweder zogen mehrere Männer am Strang, oder ein Muskelprotz tat sich hervor. Manchmal trug der Wind den Geruch von Abgasen her – der Generator am Straßenrand. Seltsam, bei dieser Entfernung …? Einbildung wohl. Spätestens in fünf Minuten mußte sich Max am Stellplatz melden. Eine Minute Wegzeit, nur keine Panik. Hier war nichts aus den Angeln zu heben, nichts zu erschüttern. Achse war hier, um die sich die Erde drehte, unaufhaltsam, ob mit oder gegen den einzelnen. Tatsächlich, in dieser Nacht war Bruch das Zentrum Europas, mehr noch, vielleicht dieser Welt. Wenn seine Geschichte auch hier nicht passiert war, höchstens ein kleiner Bruchteil davon, sie wurde doch hier unterschrieben, heute. Das Brucher Abkommen – ein Vierteljahrhundert nach Potsdam. Er lächelte, das war sein Ausweg, er wollte nicht aufgewühlt singen.

Laut lachte im Augenblick eine Frau. Unverwechselbar Ina. Wo, um Himmels willen, verbarg sie sich aber? Auch auf der Gegenseite erweckte das Lachen Neugier, gleich reihenweise wurden Hälse gereckt und Köpfe gedreht. Eine Lücke tat sich auf, und endlich sah er die kleine Frau, und Ina sah er und Klößchen Hilde alias Frau von Beyer und Thomas Raasch und Klaus Tilling. Offensichtlich eine heitere Runde. Vermutlich hatte Hilde in trockenster Art Schlüpfriges an die Männer gebracht, auf deren Kosten, na aber. Alles Theater, jämmerlich war ihr zumute, Max wußte Bescheid. Daß auch ihr Langer nach Vietnam flog, ihr „ein und alles, der Mistkerl", daß sie mit der adoptierten, noch nicht einmal schulpflichtigen Johanna allein in Holmswerda zurückbleiben sollte, verstörte sie, und sie schnappte nach Luft. Ohne zu heulen, sie war nicht der Typ dafür. Im Gegenteil, seit Wochen übertraf sie sich an komischen Einfällen, lachen und lachen lassen schien ihr höchstes Gebot zu sein. Ihr Langer liebte die Tapferen, darum. Und sie liebte ihn. „Ein Rumtreiber ist er", sagte sie, „ein Fremdgänger – na ja, schließlich hab ich es vorher gewußt." Und gegen Mauern anzurennen, o nein, so dumm war sie nicht.

Von Bruch aus würden sie morgen direkt zum Flughafen Schönefeld fahren. Mit gepackten Koffern bereits waren Tilling, der Lange und Max vor zwei Tagen im Dorf angereist. Hier wohnten die Freunde im „Schlafenden Hund". Sieben Fremdenzimmer gab es dort, vermietet alle, doch Hilde mit ihrer unverwüstlichen Klappe hatte den ängstlichen Wirt – nach wie vor war es Pappel – derart konfus gemacht, daß der einen Gast aus der „7" nächtens noch umquartierte und danach „die Bucht mit der Glückszahl" ihrem Einundalles und ihr überließ. „Quatsch, Aberglaube", hatte sie gesagt. „Andererseits, wenn es schon glitzert am Weg, soll man sich wenigstens bücken. Man weiß ja nie."

Tom von Beyer und die Frauen. Nein, gerechterweise: diese eine – zumindest, seit sie verheiratet waren. Entlastend bei einer langen Trennung, ein patentes Weib zu Hause zu wissen. Klagebriefe würde sie ihm nicht schikken, wichtig war das, ein in der Ferne von Sorgen gequälter Mann war auf Dauer sicher nicht stark. Na, keine Bange beim Langen, der hatte beizeiten den richtigen Blick.

Nun schmunzelte Max. Er kippte ja seine Gunst geradezu kübelweise über von Beyers aus. Da gab es wohl nichts Solideres, keinen, dem die Sonne freundlicher schien? Hoho, und ob es den gab! Der brauchte auf niemanden neidisch zu sein, der hieß – mit der Bitte um Vergebung gedacht – schlichterweise Max Spinnt. Ihn würde seine Liebe begleiten, die Zigeunerin Ina, die Ärztin, seit fast einem Jahr seine Frau. „Mit ihr bin ich mehr", hatte er einmal gesagt, „einfach mehr. Versteht ihr, wenn ich irgendwo anklopfen muß, etwas durchsetzen will, der hinter dem Schreibtisch sieht mich jetzt an, als füllte ich den Türrahmen aus." Angehörig war er ihr, doch in Gegenwart anderer mußte er nicht neben ihr stehen, sie berühren, seinen Anspruch dokumentieren, es genügte ihm – wie im Moment – sie überhaupt sehen zu dürfen. Zu beobachten, wie sie auch anderen Männern gefiel, wie sie es merkte und überspielte und daß es ihr doch eine Freude war. Völlig verdreht: Wo er früher eifersüchtig geworden wäre, war er sich nun ganz sicher, und ihre Genugtuung stimmte ihn froh.

Ihr Talent, auf Menschen einzugehen, ihnen in kürzester Frist unnötige Hemmungen zu nehmen, war eine Empfehlung für ihren Beruf. Und es machte sie allseits beliebt. Selbst die Brucher Bauern, von ihrem Naturell her Auswärtigen gegenüber eher zurückhaltend, ja versteckt, wurden im Umgang mit ihr gesprächig und in Maßen sogar charmant. Mancher steckte ihr ein paar Eier zu – „frische Eier, ni wahr, so was gibt's ja nicht in der Stadt" –, andere zeigten ihre Geschwüre oder ihre prächtigen Ferkel im Stall. Sie wiederum, die Doktorsche, hatte stets ein offenes Ohr, hielt sozusagen Sprechstunden ab auf offener Straße, unbefugt, weil rein privat unterwegs, zog Lider herunter, befahl, die Zunge herauszustrecken, verteilte niemals Rezepte, doch großzügig Lob und Trost: „Ein Klacks für Sie, bei Ihrer Figur. – Ach was, Tabletten. So etwas steckt man mit links weg, Sie etwa nicht? – Gratuliere, herrliche Zähne haben Sie noch. Und das übrige, der Magen ... Abmarsch nächste Woche nach Kniechen, ins Ambulatorium. Zähne und Magen gehören zusammen wie Schaufenster und Geschäft. Also versprochen, ja?"

Aber nicht nur als Ärztin war Ina begehrt. Sie brachte Herzlichkeit in die Stuben, keine Freude oder Sorge war ihr zu fremd oder gering, um Anteil zu nehmen. Vielleicht war sie auch neugierig, bestimmt sogar, jedenfalls „schaute sie vorbei", sobald sie erfuhr, seit ihrem letzten Besuch in Bruch war in jenem Haus einer gestorben, dort hat es Hochzeit gegeben und hier eine Zwillingsgeburt. Und nie trat sie ein mit leeren Händen, bald legte sie eine Tafel Schokolade auf den Tisch, bald ein Päckchen Kaffee oder drei Minifläschchen mit Nordhäuser Doppelkorn. Und Wiesenblumen, erst eben gepflückt, gehörten, wenn möglich, dazu.

Max sträubten sich manchmal die Haare. „Wiesenblumen, ach, Ina – unter Grünfutter rechnet der Bauer sie ab. Die Kühe hätten weit mehr davon."

Unbeeindruckt von solcher Kritik, sagte sie lächelnd: „Du weißt deins, und ich weiß meins."

Ihre Art, sich mit allen bekannt zu machen, war ihm anfangs peinlich gewesen, sehr zum Erstaunen Inas: „Du bist gut. Ist es denn nicht dein Dorf, du bist doch hier groß geworden? Na also, dann gehört es sich auch, daß sich deine heiß und innig geliebte Frau gleichfalls um Anerkennung bemüht."

Daß sich diese Anerkennung mittlerweile gehörig auf Max übertragen hatte – Franz Brösel einmal außer acht gelassen – stand auf einem anderen Blatt. Zigeunerinnen, hieß es, führten bisweilen so manches im Schilde, sagten dies und meinten das, fürchterlich Gutes häufig, und was war ihm denn Ina, wenn nicht seine Zigeunerin?

Schwarze Haare, grüne Augen, roter Mund. Und im Kopf Melodien, *ein richtiges Nest voll, die tschilpen manchmal über den Rand,* immer noch. Dafür die Mundharmonika in ihrer Handtasche, unentbehrlicher als Spiegel und Kamm. Ob sie auch aus der Hand lesen konnte? Sonderbar, sie danach zu fragen oder sie damit zu hänseln war ihm nie in den Sinn gekommen. Warum nicht? Egal. Ihm war unbehaglich bei diesem Gedanken. Er würde es auch in Zukunft nicht tun, nicht mal im Scherz.

Die kleine Frau nannte sie zwar Inachen und war sehr einverstanden mit ihr als Schwiegertochter, doch besorgt wie um ihn, ihren Sohn, war sie um seine Frau keinesfalls. Daß deren Verpflichtung nach Vietnam nicht minder riskant war als seine, schien ihr nicht aufzugehen. „Du wirst dich schon einleben dort“, sagte sie und streichelte ihr den Arm. Und sagte: „Vor allem paß mir gut auf den Jungen auf. Wenn etwas ist mit seiner Gesundheit, schick ihn sofort nach Hause. Als Ärztin kannst du das, da darf er sich gar nicht wehren.“ Was immer sie verlangte, Ina versprach es ihr, gleichbleibend freundlich.

Wenn Max sie später für die Mutter um Entschuldigung bat, sagte sie leise: „Ach, laß doch.“ Und heute, am Nachmittag, hatte sie verschmitzt gezwinkert. „Wir sind nun mal so, wir Frauen – besonders als Mütter. Warte nur ab, bis es bei mir soweit ist; abgemeldet wirst du dann sein.“

Er wollte kein Kind, nicht vor ihrer Rückkehr in die DDR. „Schöne Aussichten“, nannte sie das, einsichtig zwar, doch merklich entschlossen, von Fall zu Fall wider den Stachel zu löcken.

Er tat dann, als begriffe er nicht oder als wäre er taub. Wie sehr ihn Grit beschäftigte, gab er lieber erst gar nicht zu. Eventuell hätte er Ina Argumente damit geliefert – für einen Irrweg. Ein Problem wurde nicht dadurch gelöst, indem man ein neues darüber deckte. Alles zu seiner Zeit und vor allem der Reihe nach.

Aufgeregt und sehr bei der Sache, rief nun ein Mädchen: „Wir sollen jetzt kommen! Alle! Ein bißchen zügig, wenn er bitten darf, so hat es nämlich der Reiter gesagt!“

Erwartungsvoll und ungeordnet, doch ohne einander zu schieben, verließen die Leute den Schauplatz am Feuer. Allmählich verschmolzen sie mit der Nacht. Vielleicht täuschte das auch, vielleicht war Max von den Flammen geblendet und erkannte sie deshalb nicht mehr.

Was, überlegte er, mag sie beschäftigt haben hier am Feuer, besonders die Älteren unter ihnen? Tag der Befreiung. Dankbarkeit, nachträgliches Erschauern, gute Vorsätze, Träume vom persönlichen Glück? Keine Ängste, Vertuschtes könnte noch aufgeklärt werden? Keine Verwünschungen, Flüche? Nein, so einer wäre zu Hause geblieben. War es einer – in Bruch? Kaum, sagte er sich, ich kann mir nicht denken, wer. Eine ganz andere Frage ist, ob der Tag für alle Gewicht hat, ob sie es spüren. Oder ob sie enttäuscht sind, ob sie kühnere Hoffnungen hatten oder utopische oder einfach naive: Wer heute die Großbourgeoisie enteignet, lebt morgen selbst wie ein Kapitalist. Ihr Leben ist Arbeit, sind die normalen Freuden und Schmerzen, na, Schmerzen ragen noch eher heraus, wenigstens öfter; ist das Säen und Ernten, der Anblick der Felder, die bedächtig gerauchte Zigarette nach dem Essen, der gelungene Aufsatz des Kindes über die letzten Worte des Doktor Faust von Johann Wolfgang von Goethe, ist im Alter die Ofenbank und vorher jemand, der wärmt durch die Jahreszeiten, in der Stube und im Bett. Befreiung. Ohne sie ..., welche Zukunft hätten wir noch, was wäre mit unserer Gegenwart? Wer von uns wäre Opfer, wer Schlächter? Gibt es eine Krankheit auf der Erde, eine Seuche, eine Pest, die verheerender wäre, zwingender auszurotten als die mit dem Namen: deutsche Faschisten? Nein, nicht nur Faschisten, Deutsche dann überhaupt? So wie man kranke Bäume vernichten muß, auch die nichtbefallenen Zweige? Befreiung: zunächst von einem Fluch, aus einer Verdammnis. Gewiß auch aus Ketten. Aber Befreiung wohin ...? In Tage und Nächte mit den normalen Freuden und Schmerzen, in das Recht und die Pflicht, unser täglich Brot zu verdienen im Schweiße unseres Angsichts? Ja, hinein in diese Möglichkeit. Hinein in diese Weite, in der sich Menschen zu finden verstehen. *Eröffne ich Räume vielen Millionen, nicht sicher zwar, doch tätig frei zu wohnen.* Befreiung zu Puschkin und Heine, zum letzten Willen des Doktor Faust, ihn zu vollstrecken. *Nur der verdient sich Freiheit wie das Leben, der täglich sie erobern muß.* Hier bei uns und in Vietnam, überall auf der Erde. Atmen, mit allen Sinnen am Leben sein, Lust. *Zum Augenblicke dürft ich sagen, verweile doch, du bist so schön* ... Befreiung, mein Gott: mit höchstem, letztem Einsatz erzwungen. Zwanzig Millionen Tote allein dafür aus den Völkern der Sowjetunion. Für die normalen Freuden und Schmerzen. Viel ist das, das Äußerste ist es an Chancen, das ist nicht gering.

Als wollte er vordringen bis auf den Grund der Glut, so starrte er jetzt in das Feuer, und ihm schmerzten die Augen, die Hitze brannte ihm auf der Haut, und er dachte, ich darf, ich werde nicht Last sein, das verspreche ich, egal, was kommt, soviel Rückgrat muß ich schon haben, man darf nichts von alldem verspielen, ich darf es nicht. Wenn wir in Vietnam sein werden ...

„Eh, Atze, was ist mit dir, eh!" Herbert kam angerannt, sein vierzehnjähriger Bruder. Mit Atze und eh hatte er sich etwas angewöhnt. Aus dem Lauf heraus stoppte er ab, war außer Atem und sagte nun vorwurfsvoll: „Du spinnst dich hier ein!"

„Was dagegen?" Max lächelte.

„Klar, eh, es ist vier Minuten vor zwölf." Er hob ihm die Armbanduhr unter die Nase.

„Klasse", sagte Max, „mit Leuchtzifferblatt und Datum."

„Bist du behuscht, oder was?" Herbert war entrüstet. „Verscheißern, eh, kann ich mich auch allein."

„Und warum tust du es nicht?"

„Was?"

„Mund zu, es zieht." Er schob Herbert an. „Lauf voraus."

Nichts zu machen, Herbert blieb neben ihm, bemüht darum, einen nicht minder weiten Schritt zu haben als Max und dennoch ganz und gar Mann zu sein, aufrecht, die Ruhe selbst. Zwei Brüder – zwei Partner, sollten nur alle sehen, daß die Gewichte beinahe gleich verteilt waren, mehr noch, daß sie gemeinsam so etwas ergaben wie eine militärische Formation.

Zwar schmunzelte Max, aber er liebte es, neben Herbert zu gehen. Ein paar Jahre noch, dachte er, und es wird gut sein, ihn zur Seite zu wissen. Es wird immer besser werden. Na Hilfe, nicht auszuhalten wird es dann sein. Er hätte ihn jetzt gern geschubst oder gerempelt, einfach so, leider war es der unpassende Moment dafür.

Unerwartet, vor Verlegenheit heiser, sagte der Bruder: „Eh' ich's vergesse – ich werd dir die Daumen drücken, jeden Tag."

„Was ist das?" Max blieb stehen und nahm ihn bei den Schultern. „Du hast doch nicht etwa Angst um mich?"

„Quatsch." Er blickte zu Boden. Nach Sekunden wurde er ruppig. „Lästern, Atze, das kannst du. Aber wer sich Muttis Palaver anhören muß, ihre Sorge, eh, wie es dem Max wohl so geht und daß ihm bestimmt was passieren wird, diesem Schnuddiputz, das bin schließlich ich! Dauernd auf mich drauf, ich hab auch bloß ein Kreuz!"

„Gleichwohl ein breites", sagte Max und konnte das Spötteln nicht lassen.

„Bäh!" Zerknirscht reichte ihm Herbert sein Taschentuch. „Wisch dir lieber die Schuhe ab, eh, ganz dreckig sind sie, hast du Frösche gefangen, eh, da sieht man gleich, wie erwachsen du bist. Von wegen, auf dich nicht aufpassen müssen." Nachdrücklich spuckte er aus.

Exakt um null Uhr blendeten starke Scheinwerfer auf. Das sowjetische Ehrenmal war nun herausgebrochen aus der Nacht und lag in gleißendem Licht. Ein letzter Schlag der Kirchenglocke verhallte. Der steinerne Soldat, fast weiß jetzt, schien über die große Menschenmenge hinwegzublikken. Nein, der erste Eindruck war falsch; nicht über sie hinweg sah er, sondern sie fortsetzend in endlose Ferne, sie angliedernd einem mächtigen Strom von Lebenden und

Toten durch die Jahre des Krieges. Graue Kolonnen, Welle auf Welle – Menschen. Aus der Ferne nach hier, unaufhaltsam. Vom Krieg weg, aber noch durch zerstörtes Gebiet. Allmählich mehr Arbeitskolonnen als solche in Uniform. Und Gesichter zeichnen sich ab, verkrampfte zunächst, Mißtrauen in den Augen, wer bist du, und wer ist jener, und doch, es sind schon Gesichter. Im Krieg hatte oft nur der Strom sein Gesicht, auch manche Welle – nun kommt der Tropfen zu seinem Recht. Bald arbeiten die Leute nicht nur und tragen nicht immerfort Waffen, sie tanzen auch wieder, sie lachen von Herzen und singen, sie nehmen sich derb bei den Schultern: Ha, was für ein Brocken von einem Menschen, ein Fels, was für ein Nebenmann! Und endlich die hier versammelte Menge, festlich gekleidet, farbig, wohl alle im Einklang miteinander, im Leben zu Hause und mit allem Leben im Bunde.

Blaß war das Antlitz des Soldaten aus Stein, ausgezehrt auch vom Weg bis zum Sieg, aber es war nicht starr. Max sah es lächeln. Er zwinkerte. Und bitte, tat der Soldat es nicht ebenfalls?

Nichts geschah. Stille. Nur ein Knacken aus den zwei auf ein Fahrzeug montierten Lautsprechern. Offenbar eine kleine Panne. *Nitschewo.* Beunruhigt zeigte sich niemand.

Teile aus der Leningrader Sinfonie von Dmitri Schostakowitsch, vom Band abgespielt, waren vorgesehen für jetzt.

Sekunden noch, und da war die Musik, so gar nicht verzweifelt und doch voller Leid – vom Grauen erfaßt und doch schon im Sterben das Auferstehen. Die zum Himmel gereckten Fäuste. Unmöglich für Max, sich dieser Sinfonie zu entziehen. Vom Menschen, der nackt geboren wird, erzählte sie, der nackt ist und nackt bleibt, so frierend und ausgesetzt, bis er glücklich wird durch Brudergesinnung, durch Menschlichkeit. Dann wird es ihm wohlig warm, dann spendet er Wärme. Viel davon gab es in Leningrad, der Stadt ohne Kohle und Holz, von Feinden berannt und belagert, ohne Butter und Brot, der Stadt in klirrendem Frost und treibendem Schnee, mit Seuchen und vielen Arten von Tod, Wärme gab es in Leningrad.

Sergej Petrowitsch Kalinin, Generalleutnant der Sowjetarmee i. R., und sein langjähriger Freund und Kampfgefährte Dr. Alfred Bachler, 1. Sekretär der Kreisleitung der Sozialistischen Einheitspartei Deutschlands, trugen den ersten Kranz. Ihr Weg führte durch ein Spalier der Versammelten. Die rechte Seite bildeten die Bewohner des Dorfes. Dichtgedrängt standen sie, und einige hatten sich kleinere Kinder auf die Schultern gehoben, und sie hielten Blumen in den Händen, beinahe alle, keine Gebinde, keine Kränze – Sträuße, Blumen einfach, wie man sie sich aus Zuneigung schenkt.

Ihnen gegenüber eine Abteilung Soldaten, streng ausgerichtet, das Gewehr präsentiert. Verschiedene Uniformen, einander abwechselnd: Sowjetskij Armija–Nationale Volksarmee. Ein gutes Bild und viel mehr als das.

Trotzdem, dachte Max, es wirkt zu gestellt, zu organisiert. Hier brauchte man nichts zu *machen,* hier ist alles da, von sich aus. Wir hätten spüren müssen, vorher, hoffentlich verdirbt es uns nichts ...

Bohumil Nowack war auch jetzt in eine Kinderschar eingekeilt. Wenn er verdrießlich dreinschaute, wirkte es bei ihm komisch: als drohte er, mit Wattebauschen zu werfen, daß es unerhört bumst. Im Moment blickte er ziemlich verdrießlich, pustend betrachtete er die Soldaten gegenüber, und Max mußte lächeln. Der Alte war zu natürlich, zu echt, viel zu sehr mit dem Herzen dabei, um an befohlenen Bildern, am Protokoll Gefallen finden zu können. Himmel, das grenzte an Ketzerei!

Ein zweiter Kranz wurde von einem sowjetischen Sergeanten und einem Feldwebel der Volksarmee getragen.

Ihnen folgten Alfons Feinrich, der einstige Buchenwaldhäftling, seit damals einarmig, trotzdem Waldarbeiter nach dem Krieg, dann Bürgermeister in Bruch und schließlich

Rentner, krank jetzt, fast unentwegt hustend, und der fünfunddreißig Jahre jüngere Max.

Hinter ihnen noch andere, selbstredend Buffke, der Schmied darunter, 1946 Parteisekretär im Dorf geworden und bis heute geblieben, dann Neu-, inzwischen Altlehrer Rumert, mehr abzeichen- als ordengeschmückt, mit Spitznamen „Aktivist“, und seine göttlich beleibte Frau mit erhaltenem Puppengesicht über der Körperfülle, das Pummelchen Wunderbar.

Auch Thomas Raasch und Franz Brösel würden einen Kranz niederlegen, und das war nicht selbstverständlich, wenigstens nicht für Thomas, den Sohn des Mannes, der sein Gewissen belastet und später Selbstmord begangen hatte.

„Mich laßt aus“, hatte Thomas gesagt, dicke Schweißtropfen auf der Stirn. „Ich wäre dort eher zum Anspucken was, aber das macht ja keiner. Nichts drin, das ist nicht mein Weg.“

„Der Weg deines Alten war es nicht.“ Max hatte den Kopf geschüttelt. „Aber ich will dir was sagen: Der wäre den Weg gegangen, schon aus Gemeinheit, um sich über uns lustig zu machen, uns zu verhöhnen.“

„Um so schlimmer.“

„Für ihn. Was hat das mit dir zu tun?“

„Gar nichts. Das willst du doch hören. Er war bloß mein Vater.“

„Das bestreitet dir keiner.“

„Vorsichtig. Er war mir damals ’ne Menge wert.“

„Und weiter?“

„Vergiß nicht, in Religion war ich gut in der Schulzeit.“

„Ich auch. Ich war sogar besser als du.“

„Klar, als mein Gegner. Nicht, weil dir etwas am Inhalt lag. Aber ich ..., ich sollte anders sein, ich wollte es, anders als solche hergelaufenen Habenichtse wie du. Darum. Kapierst du den Unterschied? Ob’s mir schmeckt oder nicht, ich war auf ’ner anderen Schiene, Gegenverkehr, du

Menschenfreund, und mein Vater hat mich da drauf gesetzt."

„Wahrscheinlich. Andererseits – um im Bild zu bleiben –, es wurde heiß oder kalt um dich her, die Spur hat sich geweitet oder geworfen, und da bist du entgleist. Bei langsamster Fahrt und ein Ende vor der verdammten Brücke, die wir vielleicht samt dir und deinen Gespensterplänen hätten in die Luft jagen müssen."

„Na bitte."

„Was, na bitte? Du bist ein Idiot. Mich deucht, Herr LPG-Vorsitzender, Sie rollten zwischendurch auf anderem Gleis?"

Thomas hatte geschnauft. Gegen sich selber war er gewesen, nicht gegen andere. „Was willst du sagen?"

„Daß wir nicht klein genug sind für Sippenhaft, auch nicht für geistige oder moralische. Du weißt das genau."

„Zugegeben. Aber ‚wir' sagst du trotzdem, wir. Gehör ich denn etwa zu deinem Wir – aha, Max Spinnt sucht nach Worten. Warum? Dieses Mal weißt du es genau."

„Ich werde es wissen – heute nacht." Äußerlich kühl hatte Max das gesagt, ja erbarmungslos. „Ich bin gespannt, du kannst dir nicht denken, wie sehr." Damit war er gegangen.

Und wußte jetzt mehr, hatte eben erst gesehen, den Kranz der LPG hielten Brösel und Thomas Raasch.

Es war Max, als hätte er etwas gewonnen. Was das war, ließ sich nur schwer benennen, es war nur einfach angenehmer, unter Menschen zu sein, die Menschen waren irgendwie schöner, und er atmete mit mehr Genuß. Das Herz war ihm leichter.

Jetzt kam er an Bohumil Nowack vorüber, er lehnte sich etwas zur Seite, suchte die Augen des Alten, unternehmungslustig auf einmal, aufsässig auch, und raunte: „Mir fällt bloß nichts ein." Wie ein Verschwörer tat er, und in welche Richtung sein Denken zielte, wollte er deutlich machen, indem er die linke Wange aufblies.

Nowack schien zu begreifen, er nickte. „Ich wißte da was. Bloß wird mir der Alfred zirnen."

Hastig, über die Schulter zurück, sagte Max: „Ach was, der Himmel hat's eingerührt."

Alfons Feinrich hatte nichts bemerkt. Kinn und Lippen zitterten ihm, und seine Hand übertrug ein sanftes Schüttern hinein in den Kranz. Dieses kaum merkliche Ruckeln beschämte Max, er hatte nichts Unrechtes gedacht oder getan, aber es beschämte ihn sehr. Eine Folter am sogenannten Karachoberg in Buchenwald hatte Feinrich den Arm gekostet. Und doppelt grausam war sein Schicksal: Unter den Mitgefangenen hatte er als Spitzel der Nazis gegolten, er war Mitglied der braunen Partei gewesen. Gewiß, letzteres stimmte, aber im Auftrag der Kommunisten, als deren Mann war er dort eingetreten. Wem sich im Lager nun offenbaren, wie denn beweisen: Ich bin einer von euch? Selbst nach der Befreiung nie eine gänzliche Klärung des Falles; die Mitwissenden waren ermordet worden, schriftliche Unterlagen hatte es nie gegeben – konspirative Arbeit –, und also fand man sie später auch nicht. Verdächtigungen, Mißtrauen gegen ihn durch viele Jahre, in denen andere, die Gleiches oder weniger gewagt hatten, hoch geehrt und geachtet wurden. Wer wollte das nachfühlen, wie bitter das war. Welche Wege dieser Alfons Feinrich gegangen war, unglaublich. Und aufrecht ist er geblieben, seine Würde hat er bewahrt. Er hustet, er ist nicht gesund. Aber darauf verschwendet er keinen Gedanken, bestimmt nicht. Denn er geht den Weg seines Lebens, jetzt. Er sieht Vergangenes, sieht Gesichter. Tag des Sieges. Sein Tag, auch seiner. Max fragt sich: Begreif ich es wirklich, neben wem ich hier gehen darf, begreif ich das, Mann!? Was andere hinter sich haben, ich habe es bestenfalls vor mir. Schlimmstenfalls. Wie dann bestehen?

Vor dem Soldaten aus Stein legten sie ihre Kränze hin, ihm zu Füßen. Danach traten sie einige Schritte zurück, verneigten sich, um sie her die Sinfonie über Leningrad, nein, in ihnen und um sie her, und in seltsamer Weise erschöpft, wandten sie sich nach rechts und verließen das Ehrenmal. Ihr Schweigen hielt an.

Dort stand Alfred. Max ging hin, er wollte ihm gratulieren, ja, er mußte ihm gratulieren, wenigstens das, aber dann schluckte er nur, und der Reiter schluckte, ganz deutlich hob und senkte sich sein Adamsapfel, und auf einmal umarmten sie sich. Nein, das war vielleicht nur das äußere Bild, der Reiter lehnte sich an, stützte sich auf, er wurde ordentlich schwer. Die Sieger im Ziel, dachte Max, aufpassen muß man, daß sie nicht stürzen, plötzlich woll'n ihre Beine nicht mehr.

Verblüfft sagte jemand: „Guckt euch das an ..., die sind doch wohl ..., die Kinder mang den Soldaten, direkt mittenmang."

Die Unruhe war erheblich. Wo eben noch Dorfbewohner und Soldaten Spalier gebildet hatten, herrschte ein völliges Durcheinander.

Generalleutnant Kalinin, zunächst überrascht wie alle, dann sichtlich bestürzt, sprang jetzt auf ein für diese Nacht errichtetes Holzpodest, kraftvoll, wie es ihm Max nicht mehr zugetraut hätte, und suchte sich einen Überblick zu verschaffen. Im nächsten Moment schon lächelte er, hob einen Arm und gab Zeichen.

Möglicherweise bewirkte er etwas, vielleicht auch war vorher schon alles entschieden. Jedenfalls trieben aus dem Gewühl jetzt Pioniere wie weiße Blüten, lösten sich wie Schmetterlinge aus tiefem Gebüsch, hatten Soldaten im Schlepptau, die stolperten mehr, als sie gingen, wußten nicht recht, wohin mit ihren Gewehren, sie hatten zu folgen, und nun schwärmten die Kinder mit ihnen zwischen den Gräbern aus. Bald lagen Blumen auf jedem Grab, und die Erwachsenen folgten dem Beispiel der Kinder, emsig und ungezwungen, höchstens darauf bedacht, die eigenen Blumen wirkungsvoll zu plazieren, und so feierlich-ernst das Geschehen auch war, es barg etwas Zärtlich-Heiteres in sich.

Max war Zuschauer, selbstvergessen. Nach einer Weile hatte er das Gefühl, ihn beobachte jemand. Von wo aus, wer? Bewußt forschte er – denn es war ein angenehmes Gefühl – zwischen all den Leuten nach Grit.

Und richtig, als wäre sie dort allein, so stand sie bei „ihrem Grab“ und blickte her. Vor zwei Jahren im Winter hatte sie dieses Grab mit selbstgemalten Bildern geschmückt. Jetzt, da es ihr gelungen war, Max auf sich zu fixieren, hob sie ein wenig den rechten Arm, schien winken zu wollen, unterließ es dann aber und lächelte nur. Es war dies ihr sonderbares Lächeln, wie es wohl er nur kannte und das ihn stets wie eine Nachricht erreichte, fragend, suchend, voller Vertrauen zu ihm, und er konnte sich nicht losreißen von ihren Augen, erwiderte das Lächeln, wußte, jetzt nimmt sie Abschied von mir, sie hat gewartet, bis wir allein miteinander sind, wirklich allein, und er wollte nicht weinen, auf gar keinen Fall, und er weinte auch nicht, aber es würgte ihn etwas, und in der Brust tat es weh, und so kam es dann doch, daß ihm das Bild vor den Augen verschwamm.

Später war Ina da, und sie hakte sich bei ihm ein. Dabei kuschelte sie ein bißchen. „Ich sah dich allein am Feuer“, sagte sie, „vorhin.“

„Was du immer siehst.“ Er streichelte sie. „So allein war ich gar nicht.“

„Ich weiß. Sonst wär ich ja zu dir gekommen.“ Sie verstärkte den Druck ihres Arms.

Jetzt könnte sie fragen, dachte er, natürlich wär es ihr gutes Recht. Aber sie tut es nicht, sie wird es nicht tun. Jeder hat das Recht auf sich selbst, auf ein Stückchen eigene Welt, Zutritt erst nach Aufforderung, das ist von ihr, und sie hält sich daran. „Ich liebe dich“, sagte er. „Ina, weißt du das eigentlich, ich liebe dich wie …“

„Nun? Wie denn?“

„Ach …“ Er zuckte mit den Schultern, sagte leiser: „Manchmal denke ich …, also wenn Bäume laufen könnten und ich wäre ein Baum und du Erde, ich fürchte, ich würde festwachsen wollen. Und wenn die anderen weitergingen, die Bäume, mein ich, wenn ich dann stumm bleiben müßte, ohne Windschutz, ich würde Vögel zum Singen anlocken, viele Nester dürften sie bauen, und ich hätte für sie und für mich immer noch ausreichend Halt."

Lange sah sie ihn an, umfaßte nun seinen Kopf, bog ihn ein wenig herab und hauchte ihm gegen die Stirn. „Sprich nicht so traurig."

„Das war überhaupt nicht traurig. Es war das genaue Gegenteil."

„Doch, traurig." Sie seufzte komisch und zwinkerte. „Und egoistisch: Wie, wenn die Erde nun wandern möchte? Drehen kann sie sich ja bereits."

„Ja, drehen ..."

„Ein Anfang. Versuch's nur, bring der Erde das Laufen bei."

„Der Erde ...?"

„Gewiß. Wer die Erde liebt, dem wird sie auch folgen. Das ist so seit tausendmal tausend Jahren. Frag nur die Archäologen, es gibt Beweise dafür."

Ja, dachte er, es stimmt, was sie sagt, die Erde folgt den Bäumen. Wo sie nicht mehr sind, dringt Wüste vor. Der einzelne Baum würde sie nicht aufhalten können, er wäre kein Schutz für die Erde. Gesünder für beide, er hielte Schritt mit den anderen Bäumen, wenn nötig auch mit den vordersten.

„Es *war* traurig", sagte er jetzt und berührte ihr Haar mit der Nase. „Es sollte nicht traurig sein, aber ... Behalt mich unter Kontrolle, ja?"

Ina gab keine Antwort, sie kuschelte wieder nach Wärme von ihm.

Die Musik war verklungen.

„He, Max!" Tom von Beyer überragte die Umstehenden, er winkte. „Wir sollen weiter hier rüber, direkt ans Podest. Auch Ina und Tilling."

Als sie nebeneinander standen, fragte Max: „Wozu denn das?"

„Keine Ahnung, Buffke verlangt es, ganz wild ist er drauf. Los, ärgert ihn nicht und kommt."

„Du und dein Buffke." In der Tat hatte der Schmied am Langen und der am Schmied einen Narren gefressen. Ewig grinsten sie sich an, boxten sich ebenso schmerzhaft wie freundschaftlich in die Rippen, klönten über Hölle und Teufel, nicht erschauernd, schwärmerisch eher, und soffen dabei – sehr zu Hildes Verdruß – manchen Blechbecher Fusel leer. Die Berührungspunkte, die sie einander nähergebracht hatten vor langer Zeit, waren Schäferhunde. Nie weniger als drei davon hatte der Schmied auf seinem Hof und nächtens in seinen Stuben. In diesem Jahr waren es ihrer fünf. Gefräßige, reizende Ungeheuer, im Dorf gemieden von Feind und Freund. Nicht so vom Langen, der pfiff auf zwei Fingern, und das wütende Bellen verstummte, die Wölfe wurden zu Lämmern, er pfiff erneut, und ergeben tapsten sie ihm hinterher. Mit rechten Dingen – hartnäckig hielt sich in Bruch das Gerücht – konnte das nicht zugehen, aber Buffke, der Parteisekretär, fragte, sobald es seine Hunde betraf, weder nach rechten noch linken Dingen, häufig dagegen nach Knochen, und wer seinen Zöglingen angenehm war, den beroch auch er mit Genuß.

Klaus Tilling erwartete sie, bereits am vom Schmied bestimmten Platz. Überwältigt wirkte er, seine Augen glänzten. Zweifellos hatte er das Bedürfnis – so war seine Art –, sich für das Erlebnis der Nacht zu bedanken. Und bitte, er tat es. „Du siehst wieder aus", sagte er zu Ina, „also ehrlich, die Luft bleibt mir weg. Und einen Schnitt hat das Kleid, Mann, o Mann ...!"

Ina lachte. „Tu nur so, als hättest du Ahnung." Sie knuffte ihn. „Aber lieb von dir, Klaus. Übrigens, ich im langen Kleid – es ist heute das letztemal." Das sagte sie schon zu allen. „Im Koffer hab ich kein einziges."

Die gute Seele. Fürchtet euch nicht, sagte sie auf diese

Weise, ich werde euch nicht in peinliche Situationen bringen, zur Arbeit fahr ich nach Vietnam, nur zur Arbeit, genauso wie ihr.

„Schade", sagte Tilling und wurde dann umwerfend treuherzig: „Denn nämlich – Schönheit hilft siegen."

Tom von Beyer bekreuzigte sich.

Die Teilnehmer der Feierstunde hatten sich indessen in weitem Halbkreis um das Podest versammelt. Zwei Standmikrofone waren dort aufgebaut.

Eben kamen der General und Alfred. „Alle beisammen?" fragte der Reiter. „Gut, noch ein paar Meter nach rechts, an den äußersten Flügel, damit ihr besser zu sehen seid." Beidarmig schob er.

„Sachte." Max bremste. „Was arrangierst du hier eigentlich?"

„Nichts. Dir fehlt nur der Sinn für Ordnung, Junge, darum fragst du so dumm. Ach ja, da wir gerade beim Thema sind ..., das Durcheinander vorhin, wie ist das passiert?"

„Du bist gut. Als es losging ..."

„... warst du bei mir, einverstanden. Ich meine auch nur – dem war doch etwas vorausgegangen?"

Nun blickten alle interessiert.

Sicher, ein Zauber, dachte Max, vom Zauberer Bohumil Nowack. Hundert Jahre alt soll er werden. Aber er sagte: „Unsinn, völlig spontan. Kinder sind nun mal so – ist dir das neu?"

„Hm, hm." Der Reiter nickte. Nur war dies kaum eine Bestätigung der Antwort, sondern vielmehr des eigenen Denkens: Freundchen, Freundchen, Oder etwas in dieser Art.

Gemeinsam mit dem General bestieg er danach das Podest, gefolgt von mehreren Uniformierten sowie Feinrich und Buffke.

Die Gespräche verebbten. Stille.

Der General hatte ein Papier in den Händen, klopfte jetzt seine Taschen ab, vermutlich nach einer Brille, fand sie nicht, nutzlos somit das bedruckte Papier, und er steckte es ein.

Das löste Heiterkeit aus, es wurde geklatscht.

Kalinin legte zwei Finger auf das Mikrofon, und es sah aus, als suche er Halt daran. Alfred stand bereit, Kalinins Ansprache zu übersetzen. „Wie sagt man um diese Stunde", fragte der General, „wie ist der richtige Gruß? Nun, ich sage so: Guten Morgen am Tag des Sieges! Guten Morgen, liebe Freunde und Genossen, verehrte Kinder. Euch zuerst möchte ich gratulieren, denn ihr seid nicht nur als Menschen geboren, ihr dürft auch so leben, von Anfang an, ihr dürft eure Eltern lieben, die Mama und den Papa, und wenn sie abends von der Arbeit nach Hause kommen, sind sie wieder besser geworden, als sie es am Morgen schon waren, sie haben Gutes getan, nichts Schändliches, sie quälen und töten nicht fremde und streicheln die eigenen Kinder, nein, Mama und Papa vertreiben mit ihrer Arbeit jeden Tag ein wenig mehr Trauriges aus der Welt, und dafür sollt ihr sie drücken."

Seine schlichte, herzliche Art erreichte die Menschen, sie applaudierten ihm, und es war zu spüren, sie taten es gern. Langsam sprach er, suchte nach einfachen Worten, und er blieb auch dabei, als er die historischen Umwälzungen dieses Jahrhunderts benannte, vom Weg der Soldaten erzählte, von Schmerz und Verwüstung und Heldentum.

„Damals", sagte er, „am ersten Tag des Sieges, fiel uns das Lächeln schwer. Ein Herz, das noch zittert vor Leid, ist kein wohnlicher Ort für die Freude, sie zieht dort sehr leise ein. In letzter Stunde, ja in der letzten Minute des Krieges noch begruben wir manchen Genossen, manchen Bruder und manchen Freund. In fremder Erde begruben wir sie, in Feindesland, wir leerten den bitteren Kelch bis zur Neige, im Tod noch fiel uns der Kelch ins Gesicht."

Natürlich, sagte er, hätten sie von der Größe des Tages gewußt, nicht wenige hätten sich sogar Illusionen hingegeben, Träumen vom unumkehrbaren Völkerfrieden. Viele

Nationen und Staaten seien beteiligt gewesen an Kampf und Sieg, wären Leidenswege gegangen, und ein bleibendes Bündnis der Herzen und der Vernunft hätte daraus erwachsen sollen.

„Es kam anders", sagte er, „wir wissen um die Zusammenhänge, an der Enttäuschung ändert das nichts, und diese Enttäuschung tut weh. Wie gut wäre es, auch Amerikaner hier zu erleben, Engländer und Franzosen. Nun, arbeiten wir für unseren Traum, geben wir die Hoffnung nicht preis, daß wir uns finden können in Freundschaft, wir alle, und daß dann unser Händedruck gilt. Und verneigen wir uns heute vor jenen, ganz gleich, welcher Nation sie angehörten, die als Wegbereiter gefallen sind. Wege zum Frieden, in eine Welt für Menschen. Noch sind sie nicht zu Ende geführt, ist es weit bis zum Ziel, aber nichts war umsonst, jede Straße beginnt irgendwo, und ohne Anfang kein Ende, und ohne die ersten Meter der Straße gäbe es sie überhaupt nicht."

Max schräg gegenüber stand Pfarrer Sendner, schlohweiß nun sein Haar, der dunkle Anzug war ihm weit geworden, und insgesamt wirkte er feingliedrig bis hin zur Zerbrechlichkeit. Er bewegte die Lippen, als spräche er mit. Er ist in Ordnung, dachte Max, ich hätte ihn nicht soviel ärgern dürfen, wie oberflächlich und dumm ich war. Hab ihn lange für schwach gehalten, dabei ist er stark und geduldig, er hat mir immer verziehen. Wahrscheinlich wird er in nächster Zeit für mich beten, auch für Ina, für Tom und Klaus.

Komisch? Ich weiß nicht … Nein, kaum.

Die kleine Frau wird ihm dankbar sein, gar keine Frage, ob sie es zugeben will oder nicht. Bestimmt kein Zufall, daß sie in seiner Nähe steht.

Geradezu versprengt unter die Zivilisten waren die Soldaten auch jetzt. Beteiligte Gesichter. Einer hatte am Kinn eine Narbe. Vom Schlittschuhlaufen vielleicht. Oder, überlegte Max, er hat sich um ein Mädchen gerauft. Beim Rasieren wird er sich kaum so schneiden. Obwohl, bei Anfängern weiß man nie so genau. Halb so wild, alles nur äußerlich. Zerstörte Gesichter, von innen her zerstört, von innen her weggelöscht, sind nicht darunter. Ich drück uns die Daumen, daß es so bleibt, Ha, welch ein Einsatz: die Daumen drücken. Als ob das was nützte. Sie sich abquetschen dafür, abquetschen lassen, da finge es an, erst das verlangte uns etwas ab. Leichter gesagt als getan, mein lieber Mann, sehr viel leichter gesagt als getan. Gut, daß es niemand von uns erwartet. Es ist auch nicht nötig. Im Frieden ist es nicht nötig, jetzt. Die Väter der meisten Soldaten hier dürften noch leben. Na, der Große dort drüben sieht älter aus. Ungefähr fünfundzwanzig. Möglich, daß sein Vater gefallen ist – als einer der letzten. Dann kennt er ihn höchstens vom Foto. Die Väter damals waren in seinem Alter, viele von ihnen. Jüngere auch, so jung wie der mit der Narbe am Kinn. Sie hätten erst lernen müssen, richtige Väter zu werden. Sicher hätten sich manche geniert, einen Kinderwagen zu schieben, wenigstens die erste Zeit. Seltsam, spricht man von den gefallenen Vätern, stell'n wir uns leichtfertig Grauköpfe vor. Grauköpfe wären sie frühestens jetzt, nach fünfundzwanzig Jahren im Frieden. Die Männer mit den grauen Schläfen ... Fünfundzwanzig Jahre – sehr viel weiter reicht meine Erinnerung nicht mal zurück. *Geboren hinter einer scheußlichen Fassade* – Paul Eluard ist das, glaub ich – *hab ich gegessen, gelacht und geträumt und mich geschämt, und dennoch wußte ich den Tropfen Reinheit zu loben, der in allen Augen leuchtet nach den Tränen.* Unter Menschen sein dürfen, fünfundzwanzig Jahre lang. Manches Elend dabei, na gut. Oder nicht schlecht genug, um nicht am Leben gehangen zu haben. Also tief durchatmen. Luftsprünge, immer wieder. Das andere lohnt um so mehr.

„Aber", sagte Sergej Petrowitsch Kalinin eben, „die Ereignisse nach dem Krieg waren nicht nur enttäuschend für uns. Unglücklich, blind und taub wäre, wer boshaft genug ist, es so zu beschreiben. Sehr viel Gutes ist gewachsen, und manches trat ein, was wir damals, am ersten Tag des

Sieges, durchaus nicht erwarten durften. So ist diese deutsche Erde hier unseren Toten freundlich geworden. Unseren Toten und unseren Lebenden. Denn es ist – wie man so sagt – Boden vom Boden der Deutschen Demokratischen Republik. Fortan wird er – auch von uns, gemeinsam mit Ihnen und den anderen Bruderarmeen – zu verteidigen sein wie die eigene Heimaterde."

Nicht immer gelang es ihm, sich vom offiziellen Vokabular, der Zeitungssprache, zu lösen. Seine warme Stimme und sein Lächeln glichen das aus. In jedem Fall waren es Wahrheiten, die er verbreitete, und die eigene Formulierung, so sympathisch sie auch sein mochte – Max gab es vor sich selber zu –, war als politische und philosophische Information nur selten genauer. Auf diese Genauigkeit aber kam es an in einer zerstrittenen Welt, die Wörter mußten treffen, waren gleichsam die offenen Karten, mit denen man spielte, verschwommene Aussagen konnten leicht zu Fehleinschätzungen führen, es zulassen, daß die Kräfte des anderen unter- oder überbewertet wurden, und zu oft schon in der Geschichte hatte die Unkenntnis der tatsächlichen Kräfteverhältnisse gemeine Aggressoren dazu verleitet, Kriege vom Zaun zu brechen. Also war es eine wesentliche Voraussetzung für die Sicherheit der Völker, in der Politik berechenbar zu sein, berechenbar für Freund und Feind. Dafür das genaue, eine Sache oder Absicht exakt bestimmende Wort.

Was war das, ein Plädoyer für die Presse? Nicht ganz, nur ein Begreifen, wie schwer doch manches zu machen ist.

Eine Gegenwart wie unsere, sagte der General, sei kein Geschenk der Natur oder des Himmels an die Menschen, ein Geschenk sowieso nicht, sehr wohl hingegen ein Sieg, erzwungen durch die kluge Politik der Parteien der Arbeiterklasse und natürlich durch den Fleiß und durch die Schöpferkraft der Völker.

Nun würdigte er die Einwohner Bruchs, er lobte sie sehr. Das tat er sehr engagiert, sozusagen mit großer russischer

Seele, und der Reiter – bis eben noch wirklich bewegt – hatte sichtlich Bedenken, diese umarmenden Sätze ins Deutsche zu übertragen. Gewiß, er rang sich noch durch dazu, aber während des Sprechens wandte er Hals und Oberkörper, als hätte er Ameisen unter dem Hemd.

Schließlich sagte er zu den Versammelten: „Bei aller Liebe, das ist mir dann doch übertrieben. Und euch geht das runter wie Öl. Edel *sei* der Mensch, hilfreich und gut, *sei* – darin liegt die Musik.

Nun ja, er war eben so. Und die Leute wußten, daß er so war, und einige schmunzelten jetzt, und andere seufzten, und sie dachten vielleicht – eher erleichtert als bedrückt –, die Jahre gehn auch an ihm nicht vorbei, aber er ist noch gesund.

Stutzig geworden, fragte Kalinin: „Was du gesagt hast, hab ich gesagt, ja?"

„Nein", sagte Alfred auf russisch, „nicht ganz. Oder doch ..., nur eben ein wenig ausgeschmückt."

Der General musterte ihn, amüsierte sich dann, kannte *diese* Haltung an seinem Freund wohl besser als jeder andere hier und sagte: „Der Schlag soll dich treffen."

Auch dieser Satz kam über die Lautsprecher, und er wurde nicht nur von den sowjetischen Soldaten verstanden: Die Erheiterung war allgemein.

Tilling flüsterte Max zu: „Versteh nicht."

„Nein? Ein kleiner Spaß über dich." Er flüsterte gleichfalls. „Lächle doch ein bißchen, damit sie sehen, du hast Humor."

„Meinst du ...?"

„Absolut." Max blickte bedeutungsvoll.

So lächelte denn der biedere, sanfte Klaus, reichlich verspätet. Hoffentlich wunderte er sich über den Ernst in den Gesichtern der anderen und darüber, daß sie nicht ihn, sondern den General ansahen.

„Nun, verehrte, liebe Freunde", sagte Kalinin, „wie könnte man eine solche ehrende Stunde gültiger beenden als mit einem Blick voraus in sinnvolles Leben. Erlauben Sie mir, Ihnen zu sagen: Ich bin glücklich in diesem Moment. Wie sich die Zeiten geändert haben; auf deutschem Boden befinden wir uns, und wir sagen von hier aus vier jungen Deutschen – einer ist in Bruch groß geworden, die anderen waren hier oft zu Besuch –, wir sagen ihnen: Geht nur, geht, zieht hinaus in die Welt, eure Kinder werden sich eurer nicht schämen, dient dem Leben, dem Menschen, übt Solidarität. Zieht hinaus und helft Frieden schaffen, weltweit!" Seine schweren Hände vibrierten. Und Alfred hatte Schweiß auf der Stirn, sehr ungewohnt war das bei ihm. Jetzt traten die beiden drei Schritte zurück.

Buffke nahm den Platz des Generals ein. Ein sowjetischer Soldat und ein Soldat der Volksarmee flankierten ihn.

Stille. Nicht einmal leises Hüsteln war zu hören.

Max schluckte. Nein, dachte er, nein … Etwas wehrte sich in ihm, und der Augenblick schmerzte. Es war ein heftiger Schmerz, ein Schneiden in seiner Brust, blitzartig, Max spürte, er wurde weiß. Niemals mehr würde er aufgeben dürfen, umkehren nirgendwohin, er hatte es so gewollt, das ja, aber von jetzt an würde alles dennoch ganz anders sein.

In das Schweigen sagte Buffke: „Tom von Beyer."

Die Soldaten links und rechts von ihm meldeten den Versammelten in russisch und deutsch: „Verpflichtet dem proletarischen Internationalismus."

„Dr. Ina Spinnt."

„Verpflichtet dem proletarischen Internationalismus."

„Max Spinnt."

„Verpflichtet dem proletarischen Internationalismus."

„Klaus Tilling."

„Verpflichtet dem proletarischen Internationalismus."

Der Mond über den heimwärts Gehenden leuchtete gelb. Ganz deutlich, daß sein Licht von der Sonne kam.

# 2. Kapitel

Heftige Turbulenzen erschütterten die Maschine, und ihre Flügel federten stark. Max schluckte ein um das andere Mal, aber der Druck in den Ohren war sogleich wieder da. Bald sackte das Flugzeug ab, bald wurde es – jedenfalls empfand er es so – senkrecht hinaufgestoßen, und er spürte den Schweiß in den Achselhöhlen und wie er ihm kalt über die Rippen lief. Es war eine TU 104 der sowjetischen Aeroflot, seit Moskau bereits.

Die anderen schliefen; sagenhaft, wie sie das fertigbrachten. Vom Schlaf in den Tod, dachte er, eigentlich eine runde Sache, die pennen so fest, daß sie den Absturz nicht mitbekämen. Also bitte, sagte er zu sich selber, das geht zu weit. So etwas brauchst du dir nicht vorstellen, das ist Mist, du siehst ja die Stewardessen durch den Spalt im Vorhang und wie sie sich unterhalten und lachen, die wissen, was anliegt, die sind erfahren, nichts drin mit einem Abschwung in die ewigen Jagdgründe, nie und nimmer würden die Mädchen so fröhlich sein, dann nicht mehr, du mußt sie nur im Auge behalten, das beruhigt, du bist übermüdet und überreizt. Daß die Schrift über dem Vorhang leuchtet – anschnallen, nicht rauchen –, belegt nur, daß es so Vorschrift ist bei größeren Turbulenzen, für alle Fälle, damit so ein Luftloch nicht doch einmal wie eine Vollbremsung wirkt und alle durcheinanderpurzeln wie Kälber auf einem Hänger. Na, lieber wie Enten und Gänse und Hühner. Die, heißt es, würden dann selber fliegen, nicht weit, bewahre, mit voller Wucht an die Wand, klatsch, quak, gack-gack.

Hilfe, was sind das für Bilder!

Ich will dir mal was sagen, Max Spinnt: Du denkst dir hier Budenzauber zusammen, Ringelpietz mit Anfassen, was schlechtweg beweist, daß dir zum Weltreisenden allerhand fehlt. Tu bloß nicht so, wenn ich bitten darf. Da wirst du noch mächtig zu strampeln haben, bis niemand mehr merkt, daß du so was wie Hänschen klein bist, aufgewachsen in einem Nest, Kleinkleckersdorf bei Hintersiehstenicht, soll vorkommen, klar, das allein ist auch keine Schande, aber den Luftraum über chinesischem Hoheitsgebiet mit der Dorfstraße in Bruch zu vergleichen, das liebe Federvieh von dort hierher in die Maschine zu holen, erfüllt denn doch den Tatbestand, außer Rand und Band geraten zu sein, ist unverschämt und übersteigt die Grenzen der Frechheit schon sehr. Ich staune, Max Spinnt, ich muß mich wundern über dich, deine Maßstäbe verraten wenig von einer allseits entwickelten, sozialistischen und so weiter Persönlichkeit.

Er grinste. Die Angst war vorüber. Das Flugzeug wurde noch immer geschüttelt, schlingerte, aber er grinste jetzt. Sich mit den eigenen Gedanken zu unterhalten erfrischte. Die Gedanken konnte er dazu bringen, sich über ihn lustig zu machen, ihm krause Antworten zu geben, und er war Realist, er hoffte erst gar nicht, das *reine* Vergnügen in ihnen zu finden – das steckte nicht mal im reinsten Schnaps, gesetzt den Fall, den gab es tatsächlich –, doch besser *ein* lachendes Auge als auf dem anderen blind. Hm, vielleicht etwas hochgestochen ...? Kein Stück, Intelligenz für Liebhaber, dann aber pur.

Ina, sie hatte einen Fensterplatz, lag mit dem Kopf an seiner Schulter. Links von ihm saß Tilling. Der hatte das in die Rückenlehne des Vordersitzes eingefügte Plasttischchen heruntergeklappt und Arme und Gesicht darauf gelegt. Manchmal, als träfen ihn Hiebe, zuckte sein Rücken. Wahrscheinlich träumte er schlecht. Weiter links, auf der anderen Seite des Mittelganges, war der Lange in sich zusammengesackt. Hörbar blies er die Luft durch den Mund aus. Von Zeit zu Zeit rutschte sein Kopf zur Seite, hinein in den Gang. Zweimal bereits, im Vorbeigehen, hatte ihn die Stewardeß wieder „gerichtet“, gar nicht so sanft, aber Tom war nicht wach geworden. Holger Reischock, der Chefingenieur aus „Blaues Wunder“ – in Schönefeld war er erst dazugestoßen –, hatte sich eine entfaltete Zeitung hinter den Kopf geklemmt und sie als Überhang vor das Gesicht gezogen. Im Rhythmus seines Atems hob und senkte sich das Papier. Ein Ulkvogel bis in den Schlaf hinein. *Immer lustig, wohlgemut, bis der Arsch im Grabe ruht.* Sein Credo, seit ihn Max kannte.

Bis Peking hatte niemand von ihnen wirklich Ruhe gefunden, allenfalls waren sie dann und wann für Minuten eingenickt. Fliegen – das war die Zeit zwischen Abschied und Ankunft; mit vielem hatten sie erst noch fertig zu werden, und auf vieles galt es sich vorzubereiten, beides auf einmal, das regte auf. Um sich den anderen nicht zu verraten, hatten sie lange die Unbekümmerten gespielt, um eine Spur zu albern alle, und neugierig, mit fast kindlichem Staunen, die Köpfe dicht beieinander, hatten sie immer wieder hinab auf die Erde geblickt. Günstige Momente, man war dann unbeobachtet, wenigstens fühlte man sich so und konnte die Gedanken wandern lassen, weit, weit zurück, oder – voraus.

Über den Ölfeldern von Baku, nachts – von Dokumentaraufnahmen her wußte Max, daß dort wahre Wälder von Bohrtürmen standen –, waren sie alle verstummt: Die lodernden Flammen nicht zu zählender Ölfackeln, huschende Lichter in einer Geisterlandschaft dort unten, hatten sie vielleicht auch an „Blaues Wunder“ erinnert, ein wenig nur, und ganz gewiß an ihr Reiseziel denken lassen und an den *Krieg* in Vietnam.

Befreiend, die Brust erweiternd ein anderer Anblick – der unter der Morgensonne glitzernde Baikalsee. Berge und Wälder. Angelesenes: Von allen Bäumen der Welt wächst jeder dritte in Sibirien.

Auf die Zwischenlandung in Peking waren sie in besonderer Weise gespannt gewesen. Warum schon? Dann waren sie freundlich empfangen worden, hatten im blitzsauberen Flughafengebäude heißen Tee serviert erhalten, und Pioniere hatten den Reisenden ein kleines Kulturprogramm vorgeführt. In den Pausen zwischen den Liedern hatte ein etwa zwanzigjähriges Mädchen in Uniform Texte aus einem roten Büchlein verlesen. Wer nicht Chinesisch verstand, war dennoch auf seine Kosten gekommen, so lieblich und rein war die Stimme.

Aufruf zum Weiterflug.

Keine zwei Stunden mehr bis Hanoi, vorausgesetzt, Max hatte sich jetzt nicht verrechnet und das Flugzeug hielt seinen Kurs.

Ina verschränkte die Arme, seufzte im Schlaf und kroch in sich zusammen, als mummelte sie sich in ein Federbett ein. Er wagte es nicht, sich zu rühren. Ihm war, als säße er hier als ihr Posten. Ja, Wächter war er vor etwas sehr Schönem, sehr Hilflosem, er mußte seinen Puls über die Halsschlagader an ihre Schläfe übertragen, ihr Wärme geben, sie brauchte viel davon, sie war sonst gefährdet, denn ihr Herz schlug ganz leise, für sich nur, um nicht stehenzubleiben, sie ruhte ja aus. Eine erwachsene Frau war sie, und sie war auch ein Kind. Jetzt, da sie schlief, war sie ein Kind. Auch die anderen waren jetzt Kinder, so ausgeliefert, so anvertraut dem Leben, sogar der Lange strahlte nichts als entwaffnende Unschuld aus, und er träumte vielleicht vom Drachensteigen und wie er als Junge, erste Liebe bekundend, kleinen Mädchen den Tafelschwamm um die Ohren wischte und ihnen zudem die Zopfhalter stahl. Und Tilling träumte bestimmt von defekten Gas- und Wasserhähnen, von kaputten Fahrrädern und Maschinen, die er allein reparieren kann, ein Erlöser der Menschheit, sie jubelt ihm zu. Einen Blechkranz hängt sie ihm um, lorbeergemustert, und der Kranz ist miserabel genietet, und auch diese Schäden behebt er gewissermaßen im Handumdrehen.

Träume von dieser Erde, nicht vom Paradies, aber

Träume vom Glück. Neunzig Jahre hindurch müßte es sie begleiten, mindestens neunzig.

Schmerzhaft fast das Mitgefühl, das Max auf einmal für alle empfand. Oder sollte es *Mitleid* sein? Nein, er freute sich ja auch mit den anderen; mitfreuen – mitleiden, beides gehörte zum Mitgefühl, war nehmen und geben, geben und nehmen, klar, Mann, das hielt gesund.

Außerdem, im Wachsein würden sich alle zu wehren wissen, würden sie zupacken können und Berge versetzen wollen. Nicht immer die großen Worte: Sie würden dann Hügel bewältigen. Hach, und weiter, wer hat denn nun recht: Viele Hügel aufeinandergehäuft sind am Ende kein Berg? Schön vorsichtig sein mit solchen unqualifizierten Bemerkungen, kleiner Hinweis von mir, wer andern eine Grube gräbt ... Wir verstehen uns, ja? Denn Ina und Reischock, von Beyer und Tilling, das ist ein Stoßtrupp, mein Junge, etwas Solides, die Finger leckt man sich danach ab! Keine Kleingeister und Hasenherzen, Kumpel stattdessen, von wegen zu große Worte, eine glatte Beleidigung.

So, das reichte. Er hatte sich die Meinung gegeigt über diese elenden Schlafmützen, und jetzt waren die dran, ihm Zuckerwatte zu reichen. Diese Einseitigkeit ermüdete ja.

Er gähnte.

Die Maschine wurde nun seltener und weniger heftig geschüttelt, und er brauchte nicht mehr so oft zu schlucken. Und wenn schon, überlegte er, besser hier oben aus diesem als auf der Erde aus anderem Grund. Denn daß er manchmal schlucken würde dort in Vietnam, zu schlucken bekäme, war zu befürchten oder zumindet einzukalkulieren. Leben im Urwald, ein Stahl- und Walzwerk im Urwald bauen, dazu das tropische Klima, vom Tod aus dem Himmel gar nicht zu reden, das alles und mehr und jedes für sich allein war geeignet, Dramatisches heraufzubeschwören. Dann würde es heißen, den Kopf nicht verlieren, doch die notwendigen Erfahrungen dafür brachte niemand von ihnen mit.

Wichtig daher, mögliche Schwachpunkte von vornherein im Auge zu haben. War Tilling ein Schwachpunkt? War es richtig, ihn mitzunehmen? Arthur Willmann, 1. Sekretär der Industrie-Kreisleitung der SED, hatte Max abgeraten: „Glaub mir, du lädst dir was auf."

„Vielleicht. Aber ich kenne ihn. Und du selbst hast gesagt, wir brauchten dort Leute, die sich für nichts zu schade sind, bescheidene Leute, und die notfalls mit Strippe und Draht Maschinen zusammenflicken."

„So wird es sein."

„Deshalb brauche ich Tilling. Der kann einfach alles, Arthur. Alles."

„Na, na. Du hast einen Narren an ihm gefressen."

„Ist das schlecht?"

„Junge, Klaus Tilling hat nicht die Spur Disziplin."

„Weil er gutmütig ist. Allen verspricht er zu helfen ..."

„Eben, allen. Zu bekannt dieses Liedchen: tanzen wollen auf vielen Hochzeiten zugleich."

„Es wird nur eine Hochzeit für ihn geben, eine. Oder er wird nicht mehr wissen, ob er Männchen oder Weibchen ist. Ich habe es ihm angedroht."

Willmann hatte ärgerlich gelacht. „Kastrier nur den Keiler; der Flurschaden, den er vorher anzurichten beliebte, wird dadurch nicht wettgemacht."

Max war stur geblieben. Dabei hatte er sich durchaus eingestanden, es geht mir nicht nur um das Allroundgenie Klaus Tilling, dieser Lotterkopf von einem Menschen braucht Freunde, ich bin sein Freund, und er ist meiner, und er hofft doch so sehr, daß er mitfahren darf. Nicht aus Abenteuerlust, bestimmt nicht. Er möchte dabeisein, unter uns, wer nimmt ihn denn ernst außer dem Langen und mir, die anderen nutzen ihn meistens nur aus. „Schick ihn mit, Arthur, bitte. Übrigens, der Vorschlag damals, du hast ihn auch unterschrieben ...?"

„Welchen Vorschlag?"

„Daß er den dicken Orden bekommt. Banner der Arbeit, Stufe I."

„Das grenzt an Erpressung. Warst du eigentlich schon immer so ausgekocht?"

„Falls es Scherereien mit ihm gibt – ich nehm das auf mich."

„Großzügig. Das mußt du auch, mein lieber junger Genosse, du bist der Chef."

„Also erlaubst du es?"

„Ich gebe dir nach. Aber wenn etwas schiefgeht, du weißt, an wen ich mich halten werde."

„Es geht nichts schief, Ehrenwort."

„Spar dir das. Sonst frag ich mich noch, ob du überhaupt der richtige Mann bist, ich meine, nüchtern genug, um als Instrukteur des Zentralkomitees ins Ausland auf eine Großbaustelle zu gehen." Dies seine Worte. Die Tat dagegen: Er hatte ihm kräftig die Hand geschüttelt und hatte gegrient wie ein Lauser nach verwegenem Apfelklauen.

Tilling wußte von diesem Gespräch, es hatte ihn nicht verletzt. Im Gegenteil, seine Augen hatten geleuchtet. „Ich leg euch nicht rein, Max, da wäre ich ja ein Schweinehund. Wenn ihr es wollt, schwöre ich auch, Ärger wird es mit mir nicht geben, nur über meine Leiche, anders ist Ärger nicht drin."

Jetzt schlief er noch immer in der unbequemen Haltung, das Gesicht mit den Unterarmen auf dem Plasttischchen. Sein Rücken hörte nicht auf zu zucken.

Ist ja gut, dachte Max, Mann, du Pflaume, wir vertrauen dir ja.

Er schloß die Augen, sie brannten ihm längst. Doch die Gedanken hielten ihn munter, sie erhöhten den Blutdruck, und Wachsein stieß ihm von der Brust her hinauf in den Kopf. Zum Verrücktwerden war das, wirklich abscheulich. Er hätte so gern geschlafen – was half's. Er sah sich am Vormittag der Abfahrt in Bruch.

Ein Traktor rattert vorüber, ein Fahrrad quietscht. Eine Alte kehrt Pferdeäpfel zusammen, ein seltener Fund schon in Dörfern, er denkt, wozu sie die braucht, für Blumen nicht unbedingt, aber geschäftstüchtig ist sie, war sie schon immer, wahrscheinlich hat sie im Keller eine Champignonzucht. Er verstaut sein Gepäck im Wartburg des Thomas Raasch. Viel paßt nicht mehr hinein, auch die Sitze sind beladen.

Ursprünglich hatten sie anders geplant: mit *einem* Auto, mit einer vorbestellten Taxe, zum Bahnhof. Doch nach der Feier am Ehrenmal war Thomas zu Max gekommen. „Alle in einer Kutsche, dazu die Klamotten, bis Kniechen wärt ihr ja totgedrückt. Ich fahr als Gepäckwagen hinterher, nimmst du es an?"

Mann, gab es schöne Momente im Leben!

„Gern. Hauptsache, du bist pünktlich." Er hatte ihn mit der Schulter geschubst und war weitergegangen.

Und nun, am frühen Vormittag, da er Thomas' Auto belädt, gibt ihm Franz Brösel die Ehre. Grit nicht an der Hand, nur im Gefolge. Er sagt lächelnd, und das Lächeln ist kalt: „Vertragen wir uns. Man weiß nicht, ob man sich wiedersieht."

Todeswünsche.

Max, die Hand schon erhoben, zieht sie zurück. „Wovor hast du Angst?" Er lächelt ebenfalls kalt. „Für dein Alter siehst du noch gut aus. Gib dich bloß nicht vorzeitig auf."

Thomas Raasch prüft den Reifendruck. Seinen Jägerhut, den er bei Autofahrten stets auf dem Kopf hat, lüftet er nun, als müßte Qualm aus dem Schädel. Erwartet er Handgreiflichkeiten? Plötzlich ist der Tag ganz still.

Franz Brösels Atem geht kurz. Er starrt.

Und da ist Grit. Sie hat alles gehört, mehr noch, sie hat alles verstanden, sie ja. Entsetzt, ihre Augen. Auf einmal streckt sie die Zunge heraus, beiden Vätern, sehr häßlich, und flieht.

Dem *Vati* würde sie eher verzeihen.

Max ist der Verlierer. Er hebt einen Koffer auf, elend ist ihm vor Scham.

Die Leuchtschrift über dem Vorhang war jetzt erloschen. Rauchen erlaubt. Er brauchte eine Zigarette.

Knapp achtzig Minuten noch bis Hanoi.

Beim Landeanflug würde er die anderen wecken, er glaubte, das gehörte sich so.

Jeder sollte von Anfang an Augen und Ohren offenhalten, durch eigene Erfahrung selbständig werden, mitdenken, um all das Neue zu erfassen, es sich halbwegs erklären zu können. Transusige Leute, die sich darauf verließen, ich kann's mir auch später erklären lassen, irgendeiner weiß immer Bescheid, wurden sehr bald zur Plage.

Bei Holger Reischock war das natürlich nicht zu erwarten. Als Ingenieur trug er große Verantwortung, und er würde nur wenige Partner finden auf seinem Gebiet, wenn überhaupt. Kluger Rat war dann teuer. Aus den Gedanken heraus zuckte Max mit den Schultern; Ina schlief weiter, zum Glück. Wer A gesagt hatte, mußte auch B sagen, also bitte, Holger, beschwere dich nicht.

Der Kopf des Langen ragte mal wieder hinein in den Gang. Sollte er, ganz wie's beliebt, denn im Wachsein hielt dieser Mann sich senkrecht und war gewiß keine Sperre. Oder doch – gegen die falschen und somit die richtigen Leute. Auf Tom war Verlaß. Leider war er ein Anarchist, in gewissen Fragen zumindest, zum Beispiel, was die Frauen betraf. Er wußte genau: Vietnamesinnen sind tabu, nicht generell, für Ausländer aber und insbesondere für Spezialisten aus der DDR; beim Gespräch darüber im Außenministerium in Berlin hatte er wie ein Ertappter rote Ohren bekommen. Wie lange das vorhielt, war sehr die Frage. Langer, bau bloß keinen Mist.

Weiß man's, vielleicht besserst du dich. Da ist was zwischen Hilde und dir, ihr habt einen Draht. Wie ihr Abschied nahmt voneinander, das hatte Stil, will ich mal sagen, nach Art des Hauses. Ich sehe es vor mir, als wäre es jetzt.

Seit dem Frühstück bringt Hilde kein Wort heraus. Die kleine Frau – Kinder, schreibt auch sofort, Kinder, ihr werdet im Flugzeug doch Sitzplätze haben – ist in all ihrem Kummer dagegen geschwätzig. Sie streichelt Hilde. „Die sind es nicht wert, stimmt das, die sind es nicht wert ..." Hilde bleibt stumm. Sie will erst morgen von Bruch nach Holmswerda, vermutlich denkt sie, das Schweigen, das Reden, alles zu seiner Zeit. Nein, sie denkt nicht, sie leidet nur. Kann sein, ich lästere in Gedanken, aber mir scheint, sie kostet das richtig aus.

Die letzte Minute. Einen Zeichenblock streckt sie Tom plötzlich hin. Aus Herberts Schulmappe, denke ich. Sie fordert: „Los, deinen Namen!"

„Wie, was ...?"

In ihren Augen schimmert es feucht. „Dein Autogramm will ich haben!"

Logisch, Tom, du bist ihr Filmheld. Von Ewigkeit zu Ewigkeit, amen.

Verblüffend nur, du zögerst nicht einen Augenblick. Nimmst den Filzstift und schreibst: „An Hilde – das Weib aller Weiber – Tom."

Sie ist zufrieden. „Das kommt an die Wand." Sie lächelt sogar.

Am Auto dann. Sie haut dir gegen die Rippen. „Keine Sorge, ich gehe nicht fremd."

Hilde und Tom von Beyer. So spricht man sich aus.

Die Stewardeß kam, sie „richtete" den Kopf des Langen. Die Augen behielt er geschlossen, doch er fand ihre Hand und entweihte dieselbe mit einem schmatzenden Kuß.

Max feixte, und er ärgerte sich. Er dachte: Dämlicher Hund.

Wieder sah er auf die Armbanduhr. Den Sekundenzeiger verfolgen ... Was der zu hüpfen hatte in einer Minute, tapferes Kerlchen, o Gott, der verpaßte den Absprung nie. Da kriegt man erst mit, was ein Herz so zu leisten hat.

Fünfzig Schläge in jeder Minute, als Durchschnitt errechnet, fünfzig Schläge in jeder Minute, pausenlos durch Tage und Nächte und das über neunzig Jahre. Ohne Eigennutz. Und wir denken manchmal von unserem Tun, für wen eigentlich, uns lohnt das ja keiner. Wenn's hart auf hart kommt, lassen wir dann etwas liegen, wir spucken darauf.

Wäre das Herz so, es bliebe stehen.

Unvorstellbar: Wir wären tot.

Ja, da steckt eine Wahrheit drin: Wir töten, wenn wir nur selbstsüchtig sind. Wir merken es nicht, oder wir nehmen es nicht zur Kenntnis, aber wir töten dann.

Bis Hanoi noch achtundfünfzig Minuten. Spring, Zeiger, spring.

Der Zeiger ist besser dran als du, sagte Max zu sich selber, der wandert im Kreis und kennt seine Bahn, der springt nicht ins Ungewisse. Der zieht die anderen Zeiger nicht mit, die drehen sich weiter, auch ohne ihn. Wenn er abbricht oder sich lockert, ist das nur ein halbes Malheur. Sein Pech eben, soviel wie ein Beinbruch. Wenn du dir den zuziehst, beißt du die Zähne zusammen, kapiert, und humpelst eine Weile in Gips. Aber verkneif es dir, auszufallen, der Kapitän bleibt bis zuletzt auf dem Schiff.

Nun hör dir den an: der Kapitän! Warum nicht gleich himmlischer Vater. Du hältst dich wohl für sehr bedeutend, für unersetzbar am Ende? Jeder ist zu ersetzen. Na ja, von deiner Person mal abgesehen, ließe sich darüber streiten. Wenn jeder Mensch unwiederholbar ist, unwiederbringlich, und so ist es ja wohl, was soll dann die These vom schadlosen Auswechseln und Ersetzen? Moment – schadlos, das ist jetzt von dir. So verfälscht man Philosophien. Immer gibt es einen Schaden, nein, nicht immer, manchmal auch Nutzen, aber nie ist die Sache dieselbe wie vorher. Nicht einmal die gleiche. Der Mensch ist ein Wunder, jeder von uns, präg dir das ein, Parteisekretär.

Andersherum: Vom Menschen Wunder erwarten, sie

ihm sogar in Auftrag geben, im wirklichen Leben, nicht im Märchen, ist – gelinde gesagt – ein Rucksack voller Blei für ihn. Was denn sonst hat dir der Reiter zum Abschied vor die Füße gestellt? Guck dir das ruhig noch einmal an, ruf dir den Film aus dem Hirnkasten ab, Registriertitel: Letzter Morgen in Bruch.

Die kleine Frau bügelt weiße Kittel, die sie während der Arbeit im Konsum trägt. Unglaublich, wieviel Kittel sie hat, kaum ist sie mit einem fertig, schon schleppt sie den nächsten an. Sie blickt nicht auf von dem Bügelbrett, schweigt nun wie Hilde, hat sich offenbar anstecken lassen, und wie jemand, der nahe am Weinen ist, zieht sie die Lippen nach innen. Unter dem Eisen stiebt Dampf auf, es zischt. Der Wäschegeruch ist Max lästig.

Mit einer Zeitung schlägt der Reiter nach Fliegen. Dann wieder sieht er seiner Frau zu, irgendwie böse, die Zeitung unter den Arm geklemmt, die Hände in den Hosentaschen, und nervös wippt er vor auf die Zehen. Nun sagt er: „Gretel, muß das denn heute sein? Jetzt?"

Sie verhält in der Bewegung. Nach einer Weile sagt sie kaum hörbar: „Was soll ich denn sonst tun?" Sie schnupft.

Ja, was soll sie sonst tun. Etwas muß sie doch haben, woran sie sich festhalten kann.

Alfred begreift es. Er legt ihr die Hand auf die Schulter. Der Druck seiner Hand erzählt ihr vielleicht, daß er sie um Entschuldigung bittet. Er sagt nämlich nichts.

Von der Tür her fordert er Max auf, gemeinsam mit ihm zur Koppel zu gehen. „Ich schätze, der Zausel wird dir was wiehern wollen, mach's gut oder so." Sein Lächeln wirkt ziemlich bemüht.

Auf dem Weg zur Koppel spricht er kein Wort. Das Gras ist naß, in der Frühe regnete es, und die Hosenbeine färben sich unten dunkel. Was Alfred beschäftigt, ist klar, er sieht sich als Zauberlehrling: *Die ich rief, die Geister, werd ich nun nicht los.* Er war nicht begeistert, als Max ihm sagte, ich geh nach Vietnam. Eher war er erschrocken.

„Warum du", hatte er gefragt, „verrat mir das, warum du? Es ist nicht wenig, was du riskierst."

„Kopf und Kragen nicht etwa?" Max hatte gelacht. „Und du – wie oft warst du in Gefahr?"

„Damals wußten wir alle, es war der Normalfall. Das ist ein gewaltiger Unterschied."

„Komisch, Alfred ..."

„Was ist komisch?"

„Von dir das zu hören."

„Möglich. Aber beruhige dich – der Genosse Spinnt imponiert mir, leider heißt der Kerl auch noch Max, und dem gegenüber, das erlaubst du mir wohl, bin ich ein wenig befangen."

„Danke, Alfred. Aber du statt meiner – da wäre das Risiko nicht zu groß?"

„Nein, dann nicht. Ich fürchte bloß, ich bin inzwischen zu alt dafür. Also Schluß damit; ich hab mir mit dir was eingebrockt, ich löffle es aus."

Er löffelt seit Wochen. Max sieht es ihm an, er ahnt es, zu hören ist nichts. Ein Alfred Bachler schmatzt nicht dabei. Und er knirscht auch nicht mit den Zähnen.

Der Hengst steht an der Umzäunung. Die ist nicht gezogen, ein paar Drähte, und fertig, die ist noch solide gebaut, aus Pfählen und geschältem Stangenholz. Zausel wiehert, er scharrt mit dem Huf. Ob er den Reiter erkannt hat?

„He", sagt Alfred, „geht's gut?" Würfelzucker, natürlich, hat er dabei. Wie er dem Pferd die Hand hinhält und wie der Hengst sie berührt, schon das allein drückt ihre tiefe Beziehung zueinander aus. Sie begegnen sich zärtlich, nicht wie ein großer Mensch und ein großes Pferd, sondern wie denkbar Leichtes, wie sanfter, hellgrauer Rauch vielleicht aus dem Schornstein des Bauernhauses und ebenso sanfter Wind. „Was ist, Max, traust du dich?"

„Ohne Sattel? Der kriegt es fertig und schmeißt mich ab."

Der Reiter grinst; unsympathisch ist ihm der Gedanke wohl nicht.

„Mir fällt was ein", sagt Max, er ist gleichfalls erheitert.

„Und?"

„Ich weiß es von Herbert. Grit sollte einer Mitschülerin etwas ins Poesiealbum schreiben. Sie grübelt, so 'n Mumpitz wie: Stahl und Eisen, Silber bricht, aber unsre Freundschaft nicht, ist ihr verdächtig. Also schreibt sie auf die eine Seite: Alles Glück der Erde liegt auf dem Rücken der Pferde. Und auf die Gegenseite klebt sie ein ausgeschnittenes Pferdebild. Eine hochbeinige Stute, durch und durch Rasse. Ihr zu Füßen ein zu kurz geratenes Blechmänneken, eine Art Roboter mit Sprechblase. Kann schon sein, steht da drin, aber wie kommt man da rauf?"

Alfred lacht. Dann wird er ernst, er sagt: „Nun ja, die Grit ..." Nachdenklich hebt er die Brauen, er schüttelt den Kopf. Jetzt bückt er sich und zwängt sich in die Koppel hinein. Einen Fuß auf der unteren Querstange der Umzäunung, die Hände in Zausels Mähne, schwingt er sich ihm auf den Rücken. „Bis gleich."

„Laß dir nur Zeit." Er weiß, Alfred will keine Kunststücke zeigen, der reitet jetzt Schritt, der überlegt, was und wie er's ihm sagen soll. Ein bißchen verloren wirken sie beide, der Mann und das Pferd. Verloren, aber nicht aufgebraucht. Nur in fühlbarer Weise allein gegen die Weite der Felder dort hinten, gegen die treibenden Wolken und zwischen all den Maulwurfshaufen, hoch aufgeworfen; die Erde glänzt frisch. Das ganze Bild stammt eigentlich aus einer anderen Zeit, ist jetzt nicht mehr gültig, atmet aus diesem Grunde seine wehe Verlorenheit.

Max riecht am Holz, berührt es mit der Zungenspitze, reißt sich ein Büschel Gras ab, macht noch einmal das gleiche. Frühling in Bruch. Alles duftet und schmeckt, als hätte es neben Flieder gelegen. Na ja, nicht unmittelbar daneben, aber zumindest im vom Flieder betupften Wind. Er freut sich, er spürt, daß er hier etwas zum Mitnehmen hat, eine gute Erinnerung mehr.

Alfred kommt zurück. „Bleib senkrecht", sagt er zum

Hengst und tätschelt ihm den Hals. Wieder zwängt er sich zwischen den Stangen hindurch. „Gehen wir?“

Was denn, war das schon alles? Max wendet sich zu Zausel um. „Bist ein schönes Tier“, sagt er. „Ehrlich. Auch wenn du mich nicht leiden kannst.“ Der Hengst dreht den Kopf weg, na bitte, das hat man von seiner Rührseligkeit.

Hinter Raaschs Haus ist ein weitläufiger Garten angelegt. Fast die Hälfte davon sind Spargelbeete. Morgens und abends ist Spargel zu stechen, einen Monat lang, gerade jetzt ist der Beginn der Erntezeit. Das beste Gemüse der Erde, Max ist sich dessen ganz sicher. Dieses Jahr wird er darauf verzichten müssen, und ob er im nächsten Mai oder Juni seinen Urlaub bekommen wird, steht in den Sternen. Um den Spargelgenuß beneidet er die, die zu Hause bleiben. Holzig soll er auf ihre Teller gelangen!

Die Rückseite der Scheune ist mit Weinranken bewachsen. Dort angelangt, holt der Reiter einen Flachmann aus der Jackentasche und schraubt ihn auf. Die Flüssigkeit ist schwarz. „Ein kasachischer Balsam; mehr Kräuter, als es gibt, sind da drin, gegen jede Krankheit eins. Bleibt zu hoffen, er macht auch unverletzlich. Da, erst du, dann ich.“

Max trinkt. Hinterher hebt er ein Bein an, schüttelt es und lacht. „Meine Achillesferse – ich merk schon, wie sie Hornhaut bekommt.“

Schmal das Lächeln des Reiters. „Das mit dem Unverletzlichwerden – ein Scherz, Junge, war es eigentlich nicht.“ Erst jetzt trinkt er, schraubt den Flachmann wieder zu und steckt ihn ein. Mit dem Handrücken wischt er sich über die Lippen. „Also – ich möchte, daß du mir etwas versprichst.“

„Ich höre?“

„Du wirst deinen Auftrag, den die Partei dir übertragen hat, unter allen Umständen, unter allen, Max, in Ehren erfüllen?“

„Ja.“

Alfred nickt. „Aber das reicht nicht.“

„Was noch?“

„Ich möchte ..., ich erwarte von dir, daß du alle gesund zurückbringst, dich eingeschlossen."

Max ist überrascht. Er braucht Sekunden, ehe er fragen kann: „Du weißt, daß ein solches Versprechen leichtfertig wäre?"

„Nein, das weiß ich nicht." Der Reiter blickt hart. „Weil du es nicht leichtfertig geben wirst. Sag es dir jeden Tag, jede Nacht: Ich habe kein Recht, den Menschen zu Hause Unglück zu bringen, ich muß es verhindern. Verzweiflung und Trauer sind nirgends gut, hier so wenig wie in Vietnam. Die Folge, du bist dort und hier verpflichtet, einfacher geht es nicht."

„Alfred, was du da verlangst ... Hast du es im Krieg denn genauso gehalten?"

„Ja, jeden Tag, jede Nacht."

„Und wie viele deiner Genossen sind trotzdem gefallen?"

„Viele. Aber anders wären es mehr gewesen. Dieses Versprechen – wir hatten es einer vom anderen, nicht als Gelöbnis formuliert, doch als Haltung zum Leben."

Max pflückt ein Weinblatt und knipst mit dem Daumennagel die Rispe heraus. Endlich streckt er die Hand vor. „Gib mir noch einen."

Alfred versteht, abermals holt er den Flachmann hervor.

Sie trinken, aber sie schweigen danach. Jedes Wort wäre jetzt ein Wort zuviel.

Als sie die Wohnung betreten, ist das Bügelbrett weggeräumt. Die kleine Frau hat sich umgezogen, ihr schönstes Kleid trägt sie nun. Sie sagt: „Zur Feier des Tages."

Alfred nimmt sie bei den Oberarmen, schiebt sie von sich, um sie eingehender betrachten zu können, und strahlt. „Gretel, du stichst sogar Ina aus."

Der Flugkapitän – schon öfter hatte er informiert – meldete über Bordfunk, sie überflögen in diesem Moment die Staatsgrenze zur Demokratischen Republik Vietnam. Sofort befiel die vietnamesischen Passagiere – einige sprachen deutsch, sie hatten in der DDR studiert – eine betroffen machende, wunderbare Erregung. Sie drängten an die Fenster, hatten plötzlich fiebrige Augen, und jeder teilte jedem mit, was sie gemeinsam sahen.

Vielleicht sind es nur Berge, dachte Max, und Wälder, aber es sind ihre Berge und ihre Wälder, es ist ihre Heimat. Vielleicht waren sie seit Jahren nicht mehr zu Hause. Und nun dieser Anblick, dieses Empfinden: Dort unten leben Menschen, die auf uns warten, nach denen wir Sehnsucht hatten. Oder ist ein Unglück passiert? Krieg ist in jeder Minute. Der letzte Brief von zu Hause, viele Wochen ist es schon her ... Nein, nicht düsteren Phantasien anhängen, Gutes wünschen statt dessen, mit aller Kraft Gutes, so etwas sendet Wellen aus, eventuell, daß es nicht so ist, hat noch niemand bewiesen, und die Wellen behindern das Böse, sie drängen es ab.

Zwar ging Max von sich aus, von seinem Bangen und Hoffen, wäre er jetzt Vietnamese gewesen, doch er irrte bestimmt nicht: Liebende waren überall gleich.

Wie er sie nun in ihrer Freude erlebte, in ihrem Glück, bald ihr gepeinigtes Land betreten zu dürfen, ahnte er zum erstenmal, woher diese oft zierlichen Menschen die ungeheure Energie bezogen, der größten imperialistischen Militärmaschinerie der Welt so überzeugend zu trotzen. Nichts drin, dachte er, niemand wird euch unterwerfen. Und plötzlich war ihm auch klar, daß sie, die Spezialisten aus der DDR, in der Gemeinschaft solcher Männer und Frauen sehr viel sicherer leben würden, geborgener auch, als ein Land im Krieg dies vermuten ließ.

Eine Menge Handgepäck hatten die Vietnamesen. Manche saßen recht unbequem, wußten nicht, wohin mit den Füßen: überall Netze, Kartons und Taschen. Geschenke aus der Fremde, Mitgebrachtes aus dem Frieden. Hoffentlich war alles heil geblieben. Kein zusätzlich trauriges oder bestürztes Gesicht sollte es zu Hause geben, bitte nicht darum. Unwillkürlich drückte Max die Daumen.

Vorsichtig drehte er den Kopf zur Seite und hauchte Ina gegen die Stirn.

Zuerst war ihr Lächeln da, es signalisierte, schön ist es, von dir so geweckt zu werden, und um Sekunden verzögert, schlug sie nun auch die Augen auf. Dann nahm sie seinen Kopf in die Hände und küßte ihn auf den Mund. „Ich rate mal – wir landen nun bald?"

„Nervös?"

„Nicht sehr. Wir sind ja zusammen." Sie schmiegte sich an.

Später zupfte sie ihn am Jackenknopf.

„Ja?" fragte er.

„Ach, vielleicht ist es nichts ..." Leise, ihm gegen die Brust, sagte sie das. „Wenn etwas passiert, ich möchte dann, daß es schnell geht. Es wäre meine einzige Bitte."

Ihm behagte das gar nicht. „Wenn du so denkst ..., rede dir nur etwas ein." Um Zentimeter, als Andeutung, entzog er sich ihr.

„Sei nicht so." Rasch sah sie zu ihm hinauf. „Du weißt, es wäre ganz unrecht."

Ja, das wußte er – sie war tapfer. Der gute Geist der Truppe wollte sie werden, notfalls ihr Blitzableiter, um seinetwillen. Das hatte sie nie ausgesprochen, aber er kannte ihr Lebensprinzip: Wenn ich in dieser Richtung fühle, wird auch in dieser Richtung geplant. Und selbstverständlich gehandelt. Gern hätte sie ihn davon abgehalten, nach Vietnam zu gehen, aus Sorge um ihn, doch als sie begriffen hatte, der ist nicht zu halten, da hatte sie bei Willmann angeklopft, in eigener Sache, und um eine Delegierung gebeten.

„Gebettelt!" Arthur hatte es Max „gepetzt". Und falls nichts frei wäre für eine Ärztin, sie hätte auch Schneiderin gelernt, und in Sachen Arbeitsbekleidung gäbe es auf Großbaustellen sicherlich eine Menge zu tun.

Es gab die Planstelle „Arzt" oder „Ärztin". Und den „Zuschlag" hatte bekommen, wer mit Nadel und Faden nicht nur in menschlichem, sondern auch in textilem Gewebe einigermaßen treffsicher war.

Max lächelte und fragte vorsichtig: „War ich das – ungerecht? Du hattest gar keine Angst?"

„Um mich sowieso nicht."

„Sondern?"

„Ach, du bist unfair. Um niemanden. Es war nur ein Gedanke, rein theoretisch. Ich hatte aus dem Fenster geguckt, und ..."

„Was und?" Mit dem Finger zeichnete er ihre Brauen nach.

„Na ja – wir sind jetzt im Himmel über Vietnam. Ich dachte, wie zynisch das ist: Im Himmel in einen Hinterhalt geraten, sogar im Himmel."

Normal, so zu denken. Auch er, alle wahrscheinlich, die in dieser Maschine saßen, waren in ähnlicher Weise besorgt. Er sagte: „Von der Erde aus ..., tausend Augen begleiten uns. Hab nur Vertrauen."

„Was denn sonst." Sie zwinkerte. „Für Gangster in diesem Himmel ist es bestimmt nicht sehr angenehm." Ihr Blick wurde streng. „Ich bin so wütend, Max. Am liebsten – lach nicht – würde ich mir die Amis schnappen, einen nach dem anderen, und ihnen links und rechts eine hauen. Die sind doch eine Kulturnation, die Amerikaner – wie reimt sich das bloß?"

Selbstredend wollte sie keinen Nachhilfeunterricht in Geschichte. Den brauchte sie nicht. Doch etwas Häßliches zu begreifen, sich erklären zu können, war eine Sache, die andere, sich damit abzufinden. Argumente wurden im Kopf geboren, das ja, das auch bei ihr, aber das Herz durfte alles in Frage stellen, alles erschüttern, in diesem Punkt war sie durch und durch Weib.

„Woll'n wir ihn wecken?" Max deutete auf Tilling.

„Wieso, ich bin ja längst wach." Mit verschwiemelten Augen, Druckstellen im Gesicht, kam er hoch von seinem

Tischchen. „Ihr habt euch so schön unterhalten, ich hätte da bloß gestört."

Ina lachte. „Lieber belauschst du uns, hm? Interessant, Klaus, was du unter Höflichkeit verstehst."

„Wohl wahr", sagte Max amüsiert. „Der erntet noch einmal Schläge für sein gutes Benehmen."

Der Lange rekelte sich und gähnte, er wirkte verstört. „Hallo", sagte er nun, und sein Grienen bat um Nachsicht, als wäre sein Schlaf nicht erlaubt gewesen, als hätte sich Schwäche darin offenbart.

„Hallo." Am klarsten erwiderte Tilling den Gruß.

„Geht's nicht bald abwärts?"

„In diesem Moment", sagte Max.

Die Leuchtschrift brannte nun wieder, und über Bordfunk meldete sich eine Stewardeß: „... verlassen jetzt die angegebene Reiseflughöhe und werden in wenigen Minuten auf dem Flughafen Hanoi landen. Die Temperatur in der Stadt um zwanzig Uhr Ortszeit: achtundzwanzig Grad Celsius ..."

„Und ich ohne Pulswärmer", sagte der Lange, „Hilde strickt sie mir einfach nicht." Unzufrieden betrachtete er den zeitungsbedeckten Reischock, lüpfte ihm eins der Hosenbeine und fragte: „Was ist mit dir, hast du wenigstens lange Unterhosen an?"

„Bist du jeck?" Der Chefingenieur öffnete die beiden oberen Hemdknöpfe. „Da träumt man so schön, man ginge auf Reisen, endlich mal, und der fragt nach Unterhosen. Die besten Träume haut so was kaputt."

Logisch, sie suchten sich gegenseitig vorzutäuschen, wie locker sie im Augenblick wären.

Ina blickte zum Fenster hinaus. „Reisfelder", sagte sie, „ob das Reisfelder sind?"

Ja, es waren welche, wie grüne und gelbe Handtücher lagen sie dort unter der Abendsonne, sauber abgegrenzt gegeneinander, die Umrandungen, wie Max aus Büchern wußte, erhöht, damit sich das aufgefangene Wasser halten sollte und nicht abfloß. Winzige Gestalten inmitten der Felder: Menschen bei der Arbeit. Dann aber – die Maschine flog jetzt schon tief – entdeckte Max Schwarzes im Gelb und Grün: Bombentrichter. Krater auf Krater, Hunderte Bombentrichter. Hatten die Abwürfe dem Flugplatz gegolten?

Die Landebahn nun. Beim Aufsetzen hüpfte das Flugzeug, und im Ausrollen ruckelte es.

Guten Abend, Vietnam.

Max' erste sinnliche Wahrnehmung hier – noch auf der Gangway – war die dunstige, warme Tropenluft. Irgendwie war sie gegenständlich, hatte Gewicht, hüllte ihn spürbar ein, und sein Atem ging nicht von selbst, zumindest schien es ihm so, er hatte die Luft zu heben, sie mit Lungenkraft in sich hinein zu holen, und ebenso stieß er sie wieder aus.

Am Fuße der Gangway erwarteten sie mehrere Männer. Zwei von ihnen waren Vertreter der Botschaft der DDR, einer der Vietnamesen war Abgesandter des Ministeriums für Schwermaschinenbau seines Landes, und die anderen wollten künftig als Dolmetscher und Betreuer fungieren. Wer im einzelnen welche Funktion bekleidete, ja welcher Name zu wem gehörte, das ging Max im herzlichen Durcheinander der ersten Minuten verloren. Sie umarmten einander, nichts Fremdes war zwischen ihnen, seltsam war das und befreiend, und Beobachter hätten wohl annehmen müssen: Die kennen sich seit Jahr und Tag.

Ina wurde mit Blumen begrüßt. Ankunft im Krieg, aber Blumen. Ihr kamen die Tränen.

Klaus Tilling stand etwas verschüchtert herum, verloren auch. Vermutlich meinte er, dies sei ein Gebot der Bescheidenheit.

Mitfühlend fragte ihn ein Vietnamese: „Sind Sie gemüse?"

Er wurde um ein weiteres verlegen. „Nein, Tilling."

„Ich weiß. Genosse Tilling ist Name. Sie sind nicht gemüse?“

„Bitte, wenn es hier üblich ist ... Langer!“ Sein Blick verriet, er befand sich in höchster Not. „Hier ..., der Genosse fragt, ob ich so was wie ’n Kohlkopp bin.“

Der Lange pfiff. „Taktvoll. Hier geht ja was los.“

Ein anderer Vietnamese mischte sich ein. „Verzeihen Sie, der Genosse Tam fragt – er hat Deutsch nur in Hanoi gelernt, in der Schule –, ob Sie ein wenig müde sind. Das klingt ganz ähnlich, nicht wahr?“

Tilling, noch immer verwirrt, sagte ernst: „Ach so, das war vietnamesisch. Nein, ich habe im Flugzeug geschlafen. Meine Gemüsigkeit ist weg, jetzt sowieso.“

Dem allgemeinen Gelächter steuerte er nur ein nicht eben intelligentes Grinsen bei.

Jener Vietnamese, der den Fehler berichtigt hatte, sagte nun: „Da wir gerade bei der Aussprache sind – Tam schreibt man, wie es gesprochen wird. Mich dagegen rufen Sie Tschi-en, aber geschrieben wird es Trien. Wenn Häkchen über den Buchstaben sind, und fast immer sind welche, oh, oh, sehr schwierig für Ausländer, große Gefahr, lassen Sie sich am besten nicht mit den Häkchen ein. Und im übrigen, das werden Sie sehen, ist alles ganz leicht.“ Nicht belehrend sagte er das, nur leise und freundlich, gerade so, als wüßten die Zuhörer längst Bescheid.

Tam bat jetzt um Gepäckscheine und Pässe; war er also der Betreuer? Die Koffer würden ihnen nachgebracht werden in ihr Hotel.

In unmittelbarer Nähe der Maschine hielten ein Wartburg der Botschaft und ein dunkler Wolga. Der Abgesandte des Ministeriums bedeutete ihnen, dort einzusteigen. Er lächelte.

„Ich begreif gar nichts mehr“, sagte Max. „Sind wir nun zum Arbeiten hier oder als Ehrengäste?“

Nachdem Trien übersetzt hatte, sagte der Genosse aus dem Ministerium: „Daß Sie die Frage so formulieren, Genosse Max, beweist, daß wir richtig handeln. Leider wird es uns nicht immer möglich sein, denjenigen, die es verdienen, gebührend aufmerksam zu begegnen. Verzeihen Sie uns im voraus. Und erlauben Sie uns, diesen Tag Ihrer Ankunft als Feiertag anzunehmen. Und jetzt, bitte, wählen Sie einen Platz."

Reischock schob Max zum Wolga. „Rein mit dir; ihr könnt schon ganz gut miteinander." Er selbst ging zum Botschaftswagen.

Wichtigstes Instrument eines Autos in Vietnam – Max konstatierte das nach wenigen Minuten – war zweifellos die Hupe. Eine atemberaubende, abenteuerliche Fahrt. Zwischen Tausenden Radfahrern, Ochsenkarren, Militärfahrzeugen und meistens von Kindern gerittenen Wasserbüffeln fuhren die Wagen Slalom. Vielleicht gab es feste Regeln für den Straßenverkehr, aber wenn es so war, so blieben sie durch eine zu vermutende, geradezu geniale Kriegslist dem Fremden durchaus verborgen. Bog ein Auto mehr oder minder unverhofft ab, so drückte es Radfahrer, die eigentlich geradeaus weiterwollten, dann aber zum Halten gezwungen hätten, praktischerweise mit in die Nebenstraße hinein.

Und überhaupt diese Radfahrer!

Artisten waren sie, Transporteure erstaunlichster Lasten. Was sie teilweise mit, auf und an ihrem Vehikel beförderten, hätte in Mitteleuropa genügt, eine Gütertaxe zu bestellen, einen Anderthalb- bis Zweitonner etwa. Die Rahmen der Fahrräder waren häufig mit Eisenstäben oder mit Bambusstangen verstärkt. Vor allem türmten sich riesige Körbe, Kiepen, von denen jede einzelne als Rückenlast einen ausgewachsenen Mann nach weniger als hundert Metern zum Verschnaufen gezwungen hätte, und einmal entdeckte Max gar zwischen zwei Fahrrädern, an ihnen befestigt, eine Art Hängematte mit einem Menschen darin. Wahrscheinlich war dies ein Krankentransport.

Unbepackt fuhr beinahe niemand. Burschen und Männer

hatten ihre Mädchen und Frauen – alle im Damensitz, unglaublich locker und doch wie festgewachsen – auf den Gepäckständern, und Frauen als Fahrer traten für ihre Kinder mit in die Pedale. Wie die Autos hatten die Fahrräder Nummernschilder, polizeiliche Kennzeichen, im allgemeinen längs der Querstange angebracht.

Uniform trugen sehr viele, sowohl Frauen als Männer. Ob sie nun der Armee, der Polizei oder dem Zivilschutz angehörten, war so schnell natürlich nicht zu erkennen. Abgespannt wirkten sie alle, der Tag hatte sie gefordert, soviel war klar.

Wer zu Fuß unterwegs war – und das in nicht enden wollendem Gefolge zu beiden Seiten der Straße –, ähnelte einem Spaziergänger so wenig, wie ein Arbeiter im Steinbruch schwerlich einem Snob mit Melone auf dem Kopf und der „Times“ unter dem Arm vergleichbar war. An über die Schulter gelegten Tragstöcken, in eigenartig wiegendem, fast hetzendem Gang schleppten sie große Schalen und Körbe aus Bast. Irdene Gefäße hatten sie darin, Obst und Gemüse, Fisch und Fleisch. Viele liefen barfuß.

Trien sagte: „Nicht selten wiegt eine volle Schale zwanzig Kilogramm und mehr. Die Menschen versorgen Hanoi. Jeden Abend dasselbe Bild, es ist ihre zweite Schicht. Wir müssen das tun, seit die Amerikaner vor allem Zufahrtsstraßen und Brücken bombardieren.“

Inzwischen war es dunkel geworden. Maximal jedes hundertste Fahrrad fuhr nun mit Licht. Die Lampen der Autos schienen häufig kaputt zu sein, entweder brannte nur eine Lampe, und die Rücklichter blieben dunkel, oder die Begrenzungsleuchten funktionierten, und ersatzweise fiel dann das Abblendlicht aus. Ein Verdunklungsgebot steckte kaum dahinter, dafür wiederum wäre es zu oft und von niemandem beanstandet durchbrochen worden. Es war eben Krieg, man mußte umgehen mit der Not, sich zurechtfinden in ihr und durfte nicht warten, die Hände im Schoß, bis bessere Zeiten kamen. Solange sich die Räder drehten, der Motor lief, war ein Fahrzeug einsatzbereit. Oft fehlten den Autos die Fensterscheiben, sogar den Bussen. Die waren nicht nur bis unter das Dach vollgepfercht mit Menschen und ihren Habseligkeiten, die transportierten noch obendrauf Reisende und ihr Gepäck, selbst Frauen und Kinder. Gefährlich sah das aus, und es war bestimmt auch gefährlich, und Max hatte das peinliche Gefühl, daß es nicht recht von ihm war, sich im bequemen Wolga, dazu unter Dauergehupe, zum Hotel kutschieren zu lassen.

Der Genosse aus dem Ministerium schien Max' Gedanken zu erraten. Er saß neben dem Fahrer, hatte den linken Arm auf der Rückenlehne, unten war der Ärmel leer, es fehlte die Hand, er ließ seine Gäste – Ina fuhr mit im Wagen – kaum einmal aus den heiteren Augen und sagte jetzt: „Übermorgen, zur Baustelle hin, wird es ein weiter Weg für Sie. Zuerst mit dem Auto und dann zu Fuß, es ist sicherer. Am Tage ist es viel sicherer."

Max lächelte zurück. „Bitte, Sie dürfen sich nicht um uns sorgen. Wir werden tun, was getan werden muß." Er beneidete Ina; sie brauchte sich nicht unbedingt am Gespräch zu beteiligen und hatte intensiver als er Gelegenheit, erste Eindrücke von Land und Leuten in sich aufzunehmen. Natürlich interessierte es ihn, von der Baustelle, von seinen fachlichen Aufgaben und den Lebensbedingungen dort zu hören, aber hatte das nicht Zeit bis zur Ankunft im Hotel? Vorerst war er zu überwältigt von all dem Neuen und dadurch einfach zu unkonzentriert. So gab er sich freundlich, doch wortkarg und hakte bei Anspielungen auf das Kommende niemals mit Fragen nach.

Trien rieb sich die Hände: im Vorgenuß wohl. „Genosse Max, erzählen Sie mir, wie hat bei Ihnen die Oberliga gespielt? Wer steht an der Spitze? Und wer wird absteigen dieses Jahr?"

„Im Fußball?"

„O ja, natürlich. Ich liebe Fußball. Sie haben wunderbare Spieler, ganz wunderbar."

Jetzt, dachte Max, schlägt's dem Faß den Boden aus. Oder nicht? Na ja, einzelne Spieler ... Aber wo sind die wunderbaren Spiele, besonders im internationalen Vergleich? Er sagte: „Verzeihung, ich bin verwirrt ..."

„Sie wissen es nicht?" Tiefe Enttäuschung zeichnete sich auf Triens Gesicht ab.

Da sagte er rasch: „Doch, ungefähr. Ich will nur nichts Falsches sagen. Wir haben einen Experten dabei, den Langen."

„Wunderbar", sagte Trien, er war wieder glücklich.

„Vielleicht. Es ist nur ..., der zetert dann wie ein Rohrspatz, ich meine, er schimpft."

„Beim Gespräch über Fußball?" Erneut rieb sich Trien die Hände. „Wunderbar. Ich liebe es, wenn die Zuschauer schimpfen, rote Gesichter, die Augen springen beinahe heraus. Wirklich ganz wunderbar."

Schon gut. Eingefleischte Fußballfans bildeten offenbar eine sehr eigene Kategorie Mensch, weltweit.

Max sah wieder zum Fenster hinaus, und Trien erzählte *ihm* von den Fußballklubs der DDR. Ein bestens informierter Mann. Blieb zu hoffen, daß sich der Lange wenigstens als ebenbürtiger Partner erweisen würde.

Trien hatte in der DDR studiert, zunächst am Herder-Institut in Leipzig und später an der Technischen Hochschule in Dresden und Ilmenau. Er war Diplomingenieur.

Der Wagen erreichte den Stadtrand Hanois. Die Straßenlaternen brannten. In ihrem Schein huschten die Gerippe zerstörter Häuser vorüber. Geschart um kleine Feuerstellen auf den Bürgersteigen, Schälchen und Teller in den Händen, hockten Junge und Alte, das Gesäß auf den Fersen. Schnellimbiß nach Landesart. Manchmal saßen sie auch in winzigen, zur Straße hin offenen Hütten auf Bänken, beugten sich über nackte, sehr niedrige Holztische, aßen und rauchten, graue, zierliche Gestalten, und einzig ihre Gesichter wurden vom Widerschein ruhelos brennender Karbid- und Petroleumlampen farbig belebt. An ihnen vorüber glitten die Lastenträger in ihrem wiegenden, jagenden Gang, wohl fast lautlos, wie Schattenrisse, ein sich mehr und mehr verdichtender Zug. Auch auf der Fahrbahn wurde das Gewühl noch enger, sehr viele Rikschas gewahrte Max jetzt. Selten beförderten sie Personen und auch dann nur alte Menschen oder Frauen mit mehreren Kindern und allerlei Waren zusätzlich. Meistens waren sie ausschließlich mit Dingen beladen, mit Früchten häufig und Bauholz und Zuckerrohr. So mancher Fahrer erhob sich immer wieder aus seinem Sattel, um über das Transportgut hinweg die Straße erkennen zu können. Zermürbend, ja qualvoll der Tritt in die Pedale.

„Der Rote Fluß", sagte Trien und deutete voraus. „Gleich wird es schaukeln, eine Pontonbrücke." Dann scherzte er, und seine Augen blitzten: „Gewöhnlich wird man seekrank. Dagegen hilft nur, man zählt bis tausend. Glauben Sie mir?"

„Jedes Wort", sagte Max. „Mein Unglück ist, ich kann nur bis hundert. Was nun?"

„Das ist gut, Sie können handeln." Er freute sich. „Es wird Ihnen nützlich sein bei uns auf dem Markt."

Am Ufer gab es einen Stau, und sie mußten halten. Armeefahrzeuge wurden an ihnen vorbeigelotst. Die hatten Vorfahrt, natürlich.

„Steigen wir aus?" schlug der Genosse aus dem Ministerium vor. Er sprach wenig. Meistens beschränkte er sich darauf, mit einem Kopfnicken in die eine oder andere Richtung Trien zum Erzählen über das dort zu Sehende aufzufordern. Oder besser, ihn anzuregen, so schlicht und freundlich verhielt er sich.

An die satte Luft hatte sich Max inzwischen gewöhnt. Nun schmeckte er sie. Fisch war darin und Benzin und Süßlichfauliges und vor allem menschlicher Schweiß. Jedenfalls empfand er es so. Schweiß von Tausenden Leibern im Kampf. Daher die hohe Luftfeuchtigkeit? Wohl nicht.

Aber, dachte er, im übertragenen Sinne darf man so sagen. Der Schweiß dieser Menschen verändert das Klima, erhält es zumindest, die Erde bleibt fruchtbar. Wieder zu große Worte? Ach, Mann, du hast Sorgen! Worte für das, was du siehst, sind sowieso leer. Wie Knochen ohne Mark sind sie. Ja, vielleicht wie Knochen ohne Mark, weggeworfen, geruchlos, verwittert. Man erkennt noch an ihnen, womit sie verbunden waren, wozu sie gewachsen sind, das schon, aber das Lebendige sind sie weiß Gott nicht. Atme also und halte den Mund.

Wohin Max auch blickte, Chauffeure und Begleitpersonen hatten ihre Fahrzeuge verlassen. In jener Hockstellung, die er bereits beobachtet hatte, das Körpergewicht auf den Fußballen und Zehen, ruhten sie nun zwischen den Autos, oder wo sonst sich ein freier Platz fand, aus. Manchmal hockten sie allein oder zu zweit, manchmal im Halbkreis, sie rauchten, unterhielten sich leise, schienen von unendlicher Geduld zu sein und lächelten. Weder eingeschüchtert noch gehetzt wirkten sie, schon gar nicht bis zum Irrsinn verzweifelt, nur müde und sehr strapaziert. Dem Himmel schenkten sie kaum einen Blick.

Sonderbar.

Max bemühte sich, nicht aufdringlich hinzustarren. Begegnete er dennoch den Augen eines Vietnamesen, so winkte der sofort einen Gruß, unbedingt tat er das, lächelte und rief ihm zwei Silben zu, immer dieselben zwei Silben: „Lien Sso!"

Achtungsvoll klang das und herzlich in einem. Was mochte es heißen? Servus! vielleicht oder: Grüß Gott!

Da Trien nichts erklärte und Max nicht für unhöflich gehalten werden wollte, winkte er zurück und rief von Mal zu Mal lauter: „Lien Sso!"

Die Vietnamesen beglückte das nicht. Zunächst blickten sie erstaunt, dann irritiert und schließlich befremdet.

Trien raunte: „Nicht, Genosse Max." Er schmunzelte. „Lien Sso heißt Sowjetmensch. Und die Männer dort, das sieht man, nicht wahr, sind Vietnamesen. Die denken vielleicht, Sie sind ein merkwürdig unernster Mensch."

„Natürlich." Max errötete. „Und ich bin ..., wieso auf einmal ein Sowjetmensch? Hab ich denn russisch gesprochen?"

„Nein, aber Sie sehen so aus. Alle Europäer sehen so aus – für uns. Wir rufen Lien Sso und meinen: Danke. Und: Gesund sollen Sie bleiben. Glück sollen Sie haben, auch Ihre Kinder. Und ewigen Frieden für Sie."

„Verstehe." Max senkte den Kopf; er schämte und er freute sich. „Das ist verdient, Genosse Trien, Frieden für die Sowjetunion ..., doch, das ist schön."

„Die Solidarität ist groß", sagte der Abgesandte aus dem Ministerium. Er bot Zigaretten aus einer grauen, sehr dünnwandigen Schachtel an. Eine Notpackung wohl.

Ina ging leer aus. Sie überspielte das, indem sie sich Staub von den Knien ihrer Hose klopfte; es waren Jeans. Erst jetzt fiel Max auf, daß auch im Auto niemand das Wort an sie gerichtet hatte. Zufall? Welche Stellung eigentlich nahmen im Buddhismus die Frauen ein? In Berlin, während des Gesprächs im Außenministerium, war das kein Thema gewesen. Wozu auch, die Bilder waren schließlich bekannt: vietnamesische Frauen, den Karabiner geschultert, beim Straßenbau und im Reisfeld und in der Armee. Wer wie sie arbeitete und kämpfte, war eine wesentliche Stütze der Gesellschaft und mußte um Wertschätzung sicherlich nicht bangen.

Einer Laune folgend, mehr steckte nicht dahinter, hielt er Ina seine Zigarette hin. „Möchtest du einen Zug?"

Durchaus nicht beleidigt, lachte sie. „Nie mehr. Ich gewöhn es mir ab."

„Seit wann?"

„Seit jetzt – die kluge Frau baut vor."

„Das ist Unsinn ..."

„Ach wo. Nicht zu rauchen ist viel gesünder. Also: nie mehr."

Für Trien war das kein Anlaß zum Argwohn, er übersetze ihren Vorsatz ins Vietnamesische.

Der Genosse aus dem Ministerium zeigte sich nicht sonderlich beeindruckt. „Warum nicht", sagte er, „Frauen können das leicht." Sein Interesse an diesem Problem war merklich erschöpft. Er wandte sich dem Roten Fluß zu, drehte den Kopf, als führte er eine Filmkamera, von links nach rechts und machte Trien nun mit einem Nicken wieder auf etwas aufmerksam.

„Sehen Sie", sagte der und wies mit dem Arm die Richtung, „das schwarze Ungeheuer dort hinten? Leider ist wenig zu erkennen. Es ist die Brücke Long Bien, fast zwei Kilometer lang ist sie, häßlich und wunderbar. Manchmal braucht man eine halbe Stunde, bis man hinüber ist, auch länger. Leer ist sie nie, in der Mitte fährt die Eisenbahn und ihr zu den Seiten Fahrräder, Autos, Panzer sogar, das eine hinter dem anderen; aber nur selten stößt man sich an. Dicht am Geländer die Menschen zu Fuß, die Lastenträger, auf schmalen Stegen aus Holz. Ein Gemälde vom Fleiß des Menschen, vielleicht sein Symbol. Oh, ich liebe die Brücke Long Bien, der schöne Mund von Hanoi ist sie, ja, so sage ich immer, wirklich ganz wunderbar."

Eine häßliche Brücke, dachte Max, aber der schöne Mund von Hanoi. Geht das ...? Wahrscheinlich. Es kommt auf den Blickwinkel und mehr noch auf den Betrachter an. „Jetzt ist die Brücke gesperrt?" fragte er.

„Zerstört. Aber nicht so schlimm zerstört, dieses Mal nicht. Schwer beschädigt ist richtiger."

„Sie wurde bombardiert?"

„Nicht das erstemal. Doch die Brücke Long Bien hat Kraft, sie wird überleben. Bleiben Sie eine Weile, und Sie werden darüber fahren. Ich lüge nicht."

„Und waren dann Menschen auf ihr ..., als es passierte?"

Trien ließ sich Zeit mit der Antwort. Es sah aus, als verdrängte er eine Erinnerung. Nun lächelte er. „Nicht zurücksehen,Genosse Max, das ist nicht gut. Was wir tun, ist alles für morgen, was *mir* nicht gelingt, bringt ein anderer zu Ende. Die Zuversicht kann man nicht bombardieren, habe ich recht?"

Der Abgesandte aus dem Ministerium – er hatte wohl erraten, worum es ging in ihrem Gespräch – sagte nach einer Pause: „Es gibt einen Ausspruch unseres verehrten und lieben Vorsitzenden Ho Chi Minh: *Nichts ist kostbarer als Unabhängigkeit und Freiheit."*

„Wir haben davon gelesen", sagte Max, und es war eine hilflose Äußerung.

„Nun, steigen wir wieder ein", sagte Trien, „ich meine, jetzt wird es weitergehen."

Woher er das wissen konnte, welchem Wink auch die anderen auf der Straße Versammelten gehorchten, blieb unklar, doch augenblicklich machten sich alle startbereit.

Max registrierte noch, daß kein einziger neidvoll oder gar mißbilligend auf den Wolga blickte; für alle, schien es, war die Sache normal und hatte ihre Richtigkeit.

Dann schwankte und holperte das Auto schon über die quietschenden und knarrenden Pontons. Voraus manövrierte der Botschaftswagen, er hob und senkte sich wie auf einer Berg-und-Tal-Bahn. Beim Halt eben waren seine Insassen auf ihren Plätzen geblieben. Alles Deutsche, nun ja. Lediglich die Fenster hatten sie heruntergedreht und die Ellenbogen nach draußen geschoben. So fuhren sie jetzt auch, und einer gab sich besonders lässig, der Lange, wer sonst. Er hatte den Unterarm senkrecht gestellt und die Hand auf das Dach gelegt. Graf Koks in Vietnam.

Durch die Heckscheibe spähte Ina zum Himmel. Max nahm ihre Hand, ihm war gleichfalls nicht geheuer zumute, aber es hieß jetzt, vorwärts und durch, und darum sagte er leise: „Ich nehme mal an, du schaffst es nicht ..."

„Was?"

„... dir das Rauchen abzugewöhnen, ich werde bestimmt nicht lästern. Ehrlich, hm, es war Notwehr, daß du's gesagt hast."

Sie zwinkerte. Dann flüsterte sie ihm ins Ohr: „Wenn ich erst schwanger bin, wäre es sowieso damit aus."

Ihm blieb die Luft weg. Diese Zuversicht – ganz nach vietnamesischem Maß!

„Du bist auf einmal so blaß", sagte sie, „hast du Angst, wir fall'n in den Fluß?"

Er sagte: „Wehe!" und kniff sie.

„Was könnte ich dann dafür?"

„Hör auf." Wieder kniff er, und er wollte recht strafend gucken, aber sie sah zu hinreißend aus, lammfromm und raffiniert, und da biß er sie nur leicht in die Hand.

Ina lachte. „O du Ängstlicher. Erstens ist es ein sicherer Fahrer, und zweitens können wir schwimmen."

Ehrlich, er war verwirrt. „Wovon sprichst du eigentlich?"

Groß, ihre Augen. „Vom Badengehen im Roten Fluß. Du etwa nicht?"

Der Wagen rollte an Land.

„Nur noch ein paar Minuten", sagte Trien. „Sie werden hungrig sein, ja?"

„Hm", machte Ina, und Max war bloß froh, daß sie sich nicht auch die Lippen beleckte. Entspannter als vorher, ja unternehmungslustig wirkte sie jetzt.

Hanoi strahlte zwar nicht im Lichterglanz, aber erleuchtet war die Stadt. Wie entfernt war der Krieg, wie nahe der Frieden?

„Eine Menge Licht", sagte Max.

„Sie sind überrascht?"

„Ja. Ich kann es mir nicht erklären."

„Sie greifen meistens am Tage an. Nachts sehen sie schlecht, was sie erwartet, womit sie empfangen werden. Oder sie sehen es zu spät. Plötzlich stürzt einer ab", er lächelte, „vielleicht ist das etwas unangenehm."

„Ich weiß nicht ... Ich weiß nicht, ob sie das abhalten würde." Er glaubte Trien nicht.

„Sie haben das Ende des Krieges in Deutschland erlebt?"

„Ja, als Kind."

„In einer Stadt?"

„Ja, in Potsdam."

„Ich verstehe. Aber dieser Krieg wird anders geführt. Sie schneiden den Städten die Adern durch, ausbluten sollen sie, abriegeln wollen sie uns. Verdeckter Mord ist das – was vor den Grenzen der Stadt geschieht, bleibt der Welt so gut wie verborgen, oft jedenfalls."

„Das heißt, die Amerikaner fürchten Proteste? Die Weltmeinung gilt ihnen doch etwas?"

„Ich würde es anders sagen. Auch nach anderen Ländern, nicht nur nach Vietnam, möchten sie greifen. Da ist es wichtig, nicht ganz und gar sein Gesicht zu verlieren, die schöne Maske. Es gibt bei Ihnen, in der DDR, meine ich, das Märchen vom Wolf und von den sieben Geißlein. Also bitte, der Wolf schärft nicht nur seine Krallen und Zähne, er frißt, wenn es Erfolg verspricht, auch Kreide, um eine sanfte Stimme zu kriegen."

„Bedeutet das, Hanoi wird gar nicht mehr bombardiert?"

„Gar nicht mehr …? Solange Krieg ist, bringen solche Sätze Lebensgefahr." Er deutete aus dem Fenster. „Die Erdlöcher in den Bürgersteigen, mit Betonringen ausgelegt, alle fünf Meter ein Loch, sind sie Ihnen nicht aufgefallen?"

„Doch, ich hatte sie schon im Film gesehen. Schutzlöcher sind es, Einmannbunker sozusagen. Man springt hinein und zieht sich den daneben liegenden Betondeckel über den Kopf."

„Vorausgesetzt", sagte Trien, „man hat es nicht mehr geschafft, einen richtigen Bunker oder einen Splittergraben zu erreichen. Die Erdlöcher schützen vor allem gegen Splitter und Kugelbomben. Es gibt keinen Grund, sie zuzuschütten. Im Gegenteil, jeden Tag legen wir mehr davon an."

Eine Weile schwiegen sie nun. Viele Erdlöcher. Aber tausendmal mehr Menschen auf den Straßen. Selbst das ganze System der Schutzanlagen war unmöglich groß genug, sie alle im Notfall aufzunehmen. Was dann? Den Letzten beißen die Hunde?

Max überlegte, wie er Trien danach fragen könnte, ohne ihm als Besserwisser oder, noch schlimmer, als moralisch Tadelnder zu erscheinen. Da geschah etwas auf der Straße, was ihn den Gedanken daran vergessen ließ.

Zwischen den Wartburg der Botschaft und den Wolga hatte sich ein dichter Pulk von Radfahrern geschoben, selbstredend bis über den Kopf hinaus bepackt. Einer fiel nun zurück. Die Fuhre schwankte, etwas zog sie nach links, dann nach rechts, sie wurde im Zickzack gesteuert. Langsamer wurde sie, ihr Abstand zum Wolga verringerte sich, sacht legte sie sich zur Seite, sanft wie ein Segelschiff, schön sah das aus, und erst als sie stürzte, erschrak Max, und Ina schrie leise auf. Körbe und Inhalt der Körbe rutschten über den Fahrdamm. Auch andere Radfahrer kamen zu Fall.

Der Fahrer des Wolga stoppte kurz ab, gab gleich wieder Gas und kurvte zwischen Rädern und Körben weiter in Richtung Hotel. Im Vorbeifahren war zu sehen: Der Gestürzte lag reglos.

Inas Stimme klang dunkel. „Halten Sie an."

Keine Reaktion des Fahrers, Trien übersetzte nicht.

In Panik fast griff sie nach den Schultern des Fahrers und rüttelte ihn. „Halten Sie an, ich bin Ärztin!"

Der Abgesandte des Ministeriums zog eine Braue hoch. Trien schwieg. Der Fahrer gab Gas.

Max war außer sich. „Was ist hier los! Sind Sie verrückt ...?"

Trien legte ihm die Hand auf den Arm. „Bitte, Genosse Max."

Danach ein Blickwechsel zwischen ihm und dem Genossen aus dem Ministerium.

Trien lächelte wieder. „Ein Schwächeanfall, bestimmt nicht mehr. Auf allen Straßen passiert das, in jeder Nacht und an jedem Tag."

Ina hielt die Faust gegen die Zähne. Max hatte Angst. Sie kriegt es fertig und öffnet die Tür und steigt auch im Fahren aus. Er hakte sich bei ihr ein.

„Sie dürfen uns glauben“, sagte Trien freundlich, „der Mann auf dem Pflaster hat jetzt bereits zwanzig Helfer, auch medizinisch geschulte. Wenn wir immer warten wollten, bis ein ausländischer Arzt – wie sagt man bei Ihnen? – wie ein Wanderer des Weges kommt ... Im Krieg ist für alles und jedes irgendeiner verantwortlich, überall ..., sonst sind wir verloren. Und wir – bitte, vergeben Sie uns – sind verantwortlich für Sie, für Ihre Gesundheit. Jetzt vor allem müssen Sie essen.“

Sei still, dachte Max, es kann ja sein, daß hier alles ganz anders ist, dennoch sei still!

Ina drehte das Gesicht weg. Am Handgelenk spürte Max ihre Fingernägel, ausdauernd tat sie ihm weh.

Das Hotel war alt und lag im Zentrum der Stadt. Es hieß Thong Nhat, Einheit auf deutsch. Den Eingang und die halbe Breite des Bürgersteiges überragte ein flaches Betondach.

Die Empfangshalle, dreimal so lang wie breit, war gefliest, mit Sofas und Sesseln ausgestattet, und an den Kopfseiten befanden sich rechts die Rezeption und links eine kleine Bar.

Von Beyer rekelte sich, er feixte. „Wer sagt's denn, alles nur halb so schlimm.“ Da Ina und Max seinen Frohsinn nicht teilten, wurde er stutzig. „Was ist los, ist euch nicht gut?“

„Laß nur“, sagte sie, „es geht schon vorbei.“

Trien brachte die Zimmerschlüssel; ohne alle Formalitäten hatte er sie erhalten. „Das hat Zeit, bis Tam mit den Pässen kommt“, sagte er. „Sie waren ja vorangemeldet.“ Er sah auf die Uhr. „Bitte, in fünf Minuten treffen wir uns hier und gehen gemeinsam ins Restaurant. Das ist genügend Zeit, meine ich, damit Sie sich frisch machen können.“

Eben eine Weltreise beendet und jetzt fünf Minuten

zum Frischmachen – nun ja, vermutlich war auch das vietnamesisches Maß. Arme Ina, dachte Max, betrübt und erheitert in einem.

Auf der Treppe sagte Tilling zum Langen: „Wenn dein Zimmer mieser ist als meins oder lauter, meinetwegen können wir tauschen. Mir macht es nichts aus."

Plötzlich wurde Max wütend, er brauchte einen Prügelknaben. „Mann, verkneif dir mal deine Dämlichkeiten! Du wirst dort einziehen, wofür dein Schlüssel bestimmt ist! Schrecklich, deine ewige Buckelei!"

Verstört blieb Tilling einige Stufen unter Max stehen. Auch die anderen blickten erschrocken.

Dann räusperte sich der Lange, drehte sich um zu Tilling, streckte den rechten Arm vor, griente und legte ihm die Hand auf den Kopf. „Hör gut zu, mein Kleiner: Meine Gemächer sind niemals und nirgends mieser oder lauter als dein dir zustehendes Kabuff. Ich residiere, kapiert, sogar noch auf einem sibirischen Wanderklosett: Taiga, wohin du guckst, mein nackter Arsch und vor mir mein Krückstock, natürlich in den Boden gerammt, damit ich mich etwas festhalten kann. Du hast dann zu staunen, nichts als Bewunderung will ich erleben: Herrlich, Herr von und zu Beyer, sogar Ihre Sanitäranlagen sind wie Schlösser, die im Monde liegen, für einen Nichtsnutz wie mich. Kannst du das begreifen?"

Max stieg weiter die Treppe hinauf. Kamele, dachte er und ärgerte sich, weil er am liebsten gekichert hätte.

Tilling hatte wahrscheinlich genickt, denn der Lange dozierte jetzt: „Das ist recht von dir, mein Sohn. So hebe denn zwei Finger, denke dir die Bibel herbei und gelobe: Ich Wurm Klaus Tilling will meine Götter Tom und Max nie mehr in Verlegenheit bringen. Andernfalls niete mich die Cholera um."

Hinterlistiger Hund, dachte Max, Götter, das geht gegen mich, jetzt zahlt er's mir heim. Er sah nicht zurück und trat mutwillig laut auf, um auch nichts hören zu müssen.

Max' Zimmer war groß und im europäischen Stil eingerichtet. Auf dem Klubtisch zwischen zwei Sesseln stand eine riesige Thermosflasche: heißes Wasser darin – er war vorinformiert. Nicht abgekochtes Wasser in Vietnam zu trinken, hieß es, wäre lebensgefährlich. Sogar zum Zähneputzen müßte das Wasser aus der Thermosflasche genommen werden, so hatte es der Tropenarzt in Berlin erklärt. Hol's der Teufel, Würmer und Milben lauerten hier in tausend Dingen, Alarmstufe eins bei Süßwasserfisch.

Die Betten, auseinandergerückt, also mit einem Gang dazwischen, ähnelten hohen gläsernen Särgen. Die sie überwölbenden und einfassenden Moskitonetze, feines weißes Gardinenmaterial, gehalten von einer Art schmalem Galgen, bewirkten diese Vision.

Mit hängenden Schultern, apathisch, stand Ina in der Mitte des Raumes.

„He", sagte Max und malte ihr mit dem Finger die Lippen nach. „Du mußt dir keine Vorwürfe machen. Unterlassene Hilfeleistung war es bestimmt nicht, da glaube ich Trien. Außerdem ..., wir sollten versuchen, es auch mit anderen Augen zu sehen. Mit vietnamesischen zum Beispiel, denkst du nicht auch?"

Sie schwieg.

„Trien und der aus dem Ministerium, ich wette, sie bürgen für unsere Sicherheit. Und jetzt stell dir vor, eine europäische Ärztin, eine Lien Sso, steigt irgendwo auf der Straße aus, mitten im dichtesten Gewühl, weiß noch nicht, was hier hinten und vorn ist, und kümmert sich um einen Kranken. Aber es ist Krieg, der Feind steckt nicht nur in seinem eigenen Lager, ich bin überzeugt, auch hier in Hanoi strolcht er herum."

Sie schüttelte den Kopf. Leise: „Dann brauch ich nicht Arzt zu sein, wenn ich Angst davor hätte."

„Du-u!" Er nahm sie bei der Nase. „Dein Blickwinkel ..., vietnamesisch ist er jetzt nicht. Faschisten aus Südvietnam sehen äußerlich nicht anders aus als die Kommunisten im

Norden. Bitte, du Liebe, gib dir Mühe, zwing dich dazu, das nachzuvollziehen."

„Ich will ja." Sie flüsterte. Auf einmal umschlang sie ihn. „Ach, Max. Halt mich fest, halt mich ganz fest."

Später sagte er: „Noch zwei Minuten."

„Eine reicht." Neu belebt, ging sie ins Bad.

Dort schrie sie auf, sehr weiblich und nicht beängstigend. Natürlich war er sofort zur Stelle, und sie zeigte an die Wände und zuletzt zur Decke hinauf. „Eidechsen, Max! Lauter ekelhafte, kleine Krokodile."

„Geckos." Er freute sich. Eidechsengroße und -ähnliche Tiere, graugrün. „Im Zimmer sind sie ebenso, du hast es bloß nicht bemerkt. Freundliche Viecher, sie schnappen uns die Moskitos weg. Und phantastische Kletterkünstler, unter keinen Umständen stürzen sie ab."

„Woher weißt du das?"

„Angelesen. Alle Europäer erschrecken davor."

Ina sandte nicht Blicke, sondern Blitze gegen Wände und Decke. „Wehe, du lügst."

Nicht viel, nur um das Doppelte verspätet, langten sie in der Halle an. Anstoß nahm keiner. Also war das normal?

Neben der Bar befand sich die Tür zum Restaurant. Das lag um drei Stufen tiefer.

Prachtvolle große Vasen, vermutlich gar nicht erst für Blumen vorgesehen, sie genügten sich selbst und erst recht dem Betrachter – bisher hatte Max ähnliche Wunderwerke für grundsätzlich chinesisch gehalten –, dekorierten den Saal.

Nahe einer Säule, von Trien zielbewußt angesteuert, befand sich ein feierlich gedeckter Tisch.

Die beiden Genossen aus der Botschaft der DDR bewegten sich lautlos wie Schatten. Einer hieß Köppke, der andere Kuß. Sie sprachen leise wie die Vietnamesen und lächelten mindestens ebensooft.

Zunächst gab es ungesüßten grünen Tee, lauwarm. Die Täßchen dafür hätte man in Europa Mokkatassen genannt.

„Sie werden den Tee noch oft so trinken", sagte Trien, „zu jeder Begrüßung. Und lauwarm ist er am besten und am bekömmlichsten."

Das Gespräch begann ungezwungen mit allgemeinen Fragen von Köppke und Kuß. „Was gibt es Neues zu Hause?" – „Wie ist das Wetter?" – „Blüht der Flieder nicht schon?"

Trocken sagte Holger Reischock: „Und Gewürzgurken gab es jetzt auch."

Trien übersetzte, es blieb nur die Frage, was. Denn der Abgesandte aus dem Ministerium sagte: „Ja, wenn das Wetter gut ist, wächst alles." Dann beugte er sich vor. „Und bitte, wie geht es dem Genossen Walter Ulbricht?"

„O", sagte Max, und nach Beistand flehend, sah er die Vertreter der Botschaft an.

Die schwiegen. Sie, schien es, waren an einer Antwort gleichfalls brennend interessiert.

„O", sagte er da noch einmal, „o ja, es geht ihm." Jetzt kam er sich aber gescheit vor.

„Sehr angenehm", der Abgesandte aus dem Ministerium nickte, „so ist es gut." Ohne Zweifel hatte er diese Auskunft erwartet, und eine weniger positive Antwort hätte ihn vermutlich verwirrt.

Übrigens waren er und Trien nun bewaffnet; sie hatten ihre Maschinenpistolen neben sich auf den Boden gelegt. Vorhin im Auto hatte Max keine Waffen an ihnen bemerkt. Hatten die dort ebenfalls am Boden gelegen? Möglich, oder im Kofferraum. Die MPi abfeuern mit einer Hand, überlegte er, ob das etwas bringt?

Eine Gemüsesuppe wurde jetzt aufgetragen! Sie war ohne Fett und Fleisch zubereitet und schmeckte vorzüglich. Schöne Mädchen servierten fast lautlos. Dabei lächelten sie, doch der Stolz und die Würde in ihren Bewegungen ließen sie unberührbar erscheinen. Feen, dachte Max, sie führen eine Kunst vor, sie sind sich dessen natürlich bewußt. Wie zerbrechlich sie sind, bei Fliegeralarm erstarren sie sicher. Oder sie zittern dann, sie halten sich fest aneinander und zittern, und es lähmt sie die Angst.

Klaus Tilling hatte sich erkundigt, was danke auf vietnamesisch heißt. „Cam on." Leider entpuppte er sich als vergeßlich und beging erneut einen Fauxpas. Statt cam on zu gebrauchen, kam er den Schönen geradezu unsittlich, indem er auf englisch verlangte: „Come on."

Entrüstet blickten die Feen, und mit dem Lächeln für ihn war es an diesem Abend vorbei. Dem Ärmsten glühten die Ohren.

Der Abgesandte aus dem Ministerium erhob sich. Er drehte sein Wodkaglas in den Händen, und Trien stand ebenfalls auf.

„Lieber Genosse Max", übersetzte er nun, und er wie auch der Genosse aus dem Ministerium sprachen sehr leise, „liebe deutsche Spezialisten. Sie sind als Vorboten des Friedens zu uns nach Vietnam gekommen. Denn unser Stahl- und Walzwerk, das wir gemeinsam errichten wollen, wird für den Frieden gebaut. Aber vielleicht werden Sie sich sehr bald fragen: Welchen Sinn hat die Arbeit? Wird unser Werk jemals produzieren können? Das sind berechtigte Fragen. Berechtigt sind sie, weil Vietnam nicht nur unter den Amerikanern leidet und unter ihrem Krieg gegen uns, Vietnam krankt auch am erst gestern zu Ende gegangenen Kolonialismus, am Mittelalter, das hier durch ausländische Mächte widernatürlich erhalten wurde. Auf tausend Wegen in unserem Land werden Sie meine Worte bestätigt finden. Erschrecken Sie dann nicht, geben Sie die Hoffnung nicht auf, Sie sind Kommunisten, teilen Sie unsere Zuversicht.

Wir führen einen gerechten Krieg, bezahlt auch und getragen durch die materielle, politische und moralische Hilfe so vieler wunderbarer Völker, durch die internationale Solidarität. Doch folgen müssen wird diesem Krieg ein dauerhafter Frieden. Aber wo, liebe Freunde, sind bis heute die Grundlagen dafür?

Alles ist unzureichend, in beklemmender Weise, Sie werden es jeden Tag spüren. Weder eine tragfähige materiell-technische Basis noch genügend Arbeiterkader bieten uns Rückhalt. Vietnamesen lieben die Arbeit auf freiem Feld, im wesentlichen sind wir vorerst ein Bauernvolk. Ich sage Ihnen, lieber Genosse Max, Ihre Sorgen voraus. Wer wird die Arbeit in frischer Luft vertauschen wollen gegen – Sie verzeihen – die Plackerei im Gestank der Industrie? Wer wird so dumm sein – ich setze dumm in Anführungsstriche –, den profitablen Kleinhandel aufzugeben, um weit weniger zu verdienen in unserem Werk? In einem Werk, das vielleicht sogar stilliegen wird in langen Zeiten, weil es zuwenig oder gar keinen Strom zur Verfügung hat?

Und trotzdem, die Fragen sind nicht gut, sind nicht kommunistisch gestellt: Irgendwann und irgendwo muß die Zukunft begonnen werden.

In diesem Sinne wird unser Stahl- und Walzwerk weit mehr als eine Fabrik sein. Wachsen soll es für den kommenden Frieden. Es ist sein Symbol.

Wir beide, lieber Genosse Max, werden von nun an Partner sein, du für die deutschen Genossen, ich für die vietnamesischen. Mein Name ist Pham Ngoc Hoa. Der Rufname steht bei uns am Ende, ich weiß, es ist schwer, sich alles zu merken, also bin ich für Sie und für dich euer Genosse Hoa.

Bitte, trinken Sie mit mir auf das Glück unserer Völker, auf die Kraft unserer kommunistischen Parteien, auf die Gesundheit und Weisheit der Genossen Walter Ulbricht und Ho Chi Minh."

Alle standen auf. „Na starowje!" sagte Max.

„Na starowje!" sagte Hoa. Er freute sich sehr.

Hm, dachte Max, kein Abgesandter zur Begrüßung, sondern der Parteisekretär, der Baustellentiger Hoa.

Trien, wieder sitzend, sagte verschmitzt: „Die längste Rede seines Lebens, ganz wunderbar." Er verehrte Hoa, wahrscheinlich war der ein Vorbild für ihn.

Am Wodka hatten sie nur genippt, Hoa und er.

„Nicht in Ordnung", sagte der Lange. Er schüttelte den Kopf.

Verlegen sagte Trien: „Wir müssen noch fahren."

„Mitfahren", sagte der Lange, „es lebe der kleine Unterschied." Er schob Triens Glas näher an dessen Hand heran.

„Nein, Genosse Tom, das Auto war nur für den Dienstgebrauch. Unsere Fahrräder stehen im Hof des Hotels. Ich könnte laufen, wenn Sie darauf bestehen, es sind nur zwei Stunden, Genosse Hoa hat es weiter, fünfundzwanzig Kilometer. Ich meine, Sie haben Verständnis für uns?"

„Was denn, jeden Tag diese Strecke, morgens und abends?"

„Wenn wir in Hanoi sind, ja. Aber das ist nicht besonders viel, andere fahren längere Strecken, und auch sie beklagen sich nicht."

„Entschuldigen Sie", sagte der Lange, „ich war reichlich dumm."

„Nein, nicht dumm. Niemand kann alles auf einmal wissen. Ich bin überzeugt, es werden keine vier Wochen vergangen sein, und man wird Sie für Vietnamesen halten – im Dunkeln, nicht wahr."

Der Scherz kam an. Lediglich Klaus Tilling blickte ernst und grüblerisch.

Als Hauptgericht gab es Langusten. Ihr Geschmack erinnerte Max an Haselnüsse.

„Ihr müßt sie mit Zitrone beträufeln", sagte der Lange mit vollem Mund. Fingerfertig löste er das feste, saftige Fleisch der Tiere von den Scheren und aus der dünnen Panzerung. „Mit Zitrone sind sie das Größte; hier bleibe ich, wenn ihr mich fragt."

Nun ja, sein Gemüt. Aber er war in so natürlicher Weise begeistert, daß auch die Vietnamesen lachten. Übrigens aßen sie alle mit Löffel, Messer und Gabel; Hoa und Trien hatten wohl befürchtet, die Gäste, bereits am ersten Abend an die Stäbchen gezwungen, könnten dann hungrig die Tafel verlassen; auf dem Fußboden überall Reis.

Ina berührte Max mit dem Knie, sie flüsterte: „Einen Trinkspruch – du bist jetzt dran."

In diesem Moment betrat Tam das Restaurant. In der linken Hand trug er eine Maschinenpistole, in der rechten hielt er die Pässe. „Alles erledigt", sagte er herzlich und teilte sie aus. „Gepäck ist in Zimmern, alles erledigt. Guten Geschmäck."

Tilling schob ihm einen Stuhl zurecht.

„Nein, viel Dank. Ich war schon vorher viel gessen. Ich müß bißchen arbeiten – oder so Bauch." Hoch gegriffen, wog er fünfzig Kilo. Der Bauch nun, den er anzeigte, hätte gut dreißig Kilo dazugebracht. Vielleicht war das komisch, vielleicht auch nicht.

Tam verbeugte sich, ging die ersten Schritte rückwärts, und schon war er wieder fort.

Hoa aß ruhig weiter, zweifellos billigte er Tams Verhalten. Genauer: Es war, als hätte er ihn gar nicht bemerkt.

Von Beyer wandte sich an Köppke und Kuß. „Ihr kennt die Baustelle? Oder kommt ihr nicht raus aus Hanoi?"

„Was möchtest du wissen?" fragte Kuß.

„Wie es dort aussieht inzwischen."

Der Diplomat schüttelte den Kopf. „Macht euch selbst ein Bild. Das Werk wird im Gebiet einer nationalen Minderheit errichtet, das ist euch bekannt?"

„Nein. Gibt es dadurch Probleme?"

Kuß warf einen raschen Blick auf Hoa. „Alles hat sein Für und Wider. Ihr werdet ja sehen." Deutlich zu spüren: Ihm behagte das Thema nicht.

„Aus der DDR", sagte Köppke, „sind bis jetzt achtzig Leute dort; fünfundachtzig mit euch, ihr werdet erwartet."

„Fünfundachtzig …? Und wieviel Vietnamesen?"

„Einige hundert. Viele Frauen und Mädchen darunter. Genosse Hoa wird euch noch genau informieren. Ach, noch etwas – Genosse Spinnt, ob du morgen für ein, zwei Stunden in der Botschaft vorbeischauen könntest?"

„Gut. Wie finde ich hin?"

„Wir holen dich ab. Sagen wir, um neun Uhr dreißig, oder ist das zu früh?"

„In Ordnung. Ich warte in der Halle auf euch. Aber wäre es nicht besser ..."

„Ja?"

„Ich meine, ob Holger Reischock nicht mitkommen sollte?"

„Wird er ja. Entschuldige, wir haben uns schon im Auto verständigt."

„Ihr seid unhöflich", flüsterte Ina. „Das könnt ihr alles auch später besprechen."

Aber Max war befangen. An den Tischen ringsum saßen Männer, deren selbstgefälliges Gehabe ihm nicht behagte, die zu laut redeten und lachten und die ihn dennoch einschüchterten. Französisch und englisch sprachen sie, auch deutsch – westdeutsch, dachte er beim Betrachten ihrer Kleidung –, spanisch und italienisch. Einige von ihnen hatten Stühle mit Filmkameras, Fotoapparaten und Zubehör befrachtet. Journalisten, Berichterstatter aus einem fernen, nahen Krieg. Eine achtenswerte Arbeit, vielleicht sogar mehr als Arbeit, aber warum führten sich nicht wenige von ihnen so auf, als wären Hotel und Restaurant eine Bühne und sie die tolldreisten Helden im Stück?

Wo sich hier so viele aufspielen, dachte Max, ist es blöd, im Stehen zu reden. Man ragt dann heraus, und unwillkürlich gehört man dazu.

Ina war seinen Blicken gefolgt. „Na und", raunte sie, „was gehn die uns an? Außerdem, wer laut ist, hat Angst, die überspielen doch etwas."

„Bitte", sagte da Max und wandte sich an Trien, „ich möchte etwas sagen." Er blieb sitzen. Die Unterarme auf dem Tisch, beide Hände am Glas, lächelte er Hoa an. „Du sagtest am Flughafen, unsere Ankunft machte den Tag zum Feiertag für euch. Seither beweist ihr uns, daß dies eure Haltung uns gegenüber ist. Eine hohe Ehre ist das, und wir danken dafür von Herzen, aber leider ist diese Ehre noch unverdient.

Und überhaupt – zu ehren seid ihr. Wir wollen es mit Arbeit versuchen, mit guter zuverlässiger Arbeit. Schont uns nicht und fordert uns ganz. Erlaube mir, Genosse Hoa, schon jetzt auf den Alltag einzustimmen. Der Alltag ist die Tat, und es bedarf nicht großer Worte.

Bitte, trinkt mit uns auf unsere Gemeinsamkeit im Denken und Tun.

Auf das von uns bewunderte ..."

Sirenengeheul setzte ein. Das Deckenlicht flackerte und ging aus. Stühlescharren und Flüche. Das Heulen der Sirenen schwoll an.

„Bitte, bleiben Sie auf den Plätzen." Die Stimme Triens war es.

Links und rechts aber hastende Schritte, das Poltern von Stühlen, eine große Vase zerbrach.

Die Serviererinnen brachten flackernde Kerzen. Da stand Max bereits, das Glas in der Hand.

„Ich trinke", sagte er und verhinderte damit jeden Aufbruch am Tisch, „auf das in unserer Heimat und wahrscheinlich auf der ganzen Erde bewunderte, kämpfende Volk von Vietnam. Zum Wohl."

Erneut und unversehens war Tam zur Stelle. Er blickte freundlich, stand drei Schritt vom Tisch entfernt und wartete ab.

Alle hatten sich erhoben. Und so laut die Sirenen auch waren, das leise Klingen der Gläser übertönte sie.

„Keine Befurchtnis", sagte dann Tam. „Sie verfolgen mich, ja?" Er strebte dem Ausgang zu.

Max sah noch: Die Feen, diese zerbrechlichen Wesen, die Serviererinnen, trugen nun alle Gewehre. Einige von ihnen kümmerten sich um Gäste; freundlich und überhaupt nicht verstört geleiteten sie die Männer zur Tür und ins Freie, andere – deutlich erkennbar – hatten andere Aufgaben. Die Europäer ausgenommen, zeigte niemand Nervosität.

Unwillkürlich suchte Max die Hand seiner Frau.

Ina entzog sie ihm. „Ich kann allein. Los, geh voraus."

Hm, dachte er, mein Posten im Rücken. Aber er fügte sich.

Im Garten oder weitläufigen Hof des Hotels wurden sie von Tam in einen gegen Bombensplitter schützenden Graben geführt. Die Erde schmatzte unter den Sohlen. Da und dort Pfützen. Flüchtig dachte Max: Natürlich, im Mai beginnt hier die Regenzeit.

Lichtarme der Fliegerabwehr scherten von allen Seiten über den Himmel, bündelten und entwirrten sich. War das noch Stille? Oder dröhnte es schon?

Jetzt wurde geschossen, entfernt noch. Wummernde Geschosse, brechend, wütend, laut. Dazwischen und darüber Gewehrfeuer, tausendmal intensiver und dennoch beinahe harmlos klingend, fast wie in Silvesternächten zu Haus.

Sekunden später, das Abwehrfeuer war überall. Auch hier, aus dem Graben. Tam schoß und dreißig oder mehr seiner Landsleute noch. Von den Dächern ringsum und vom Dach des Hotels waren Schützen zu hören. Ob dort auch die Feen lagen?

Also reichen die Schutzanlagen aus, dachte Max, denn die wenigsten suchen Schutz. Sie kämpfen, sie halten dagegen, Gewehre gegen Bomber, tausend Gewehre vermutlich, was ist das, wenn nicht nackte Verzweiflung; die Kugeln erreichen die Bomber ja nicht. Oder doch? Nein, höchstens, wenn sie im Tiefflug kommen. Aber sie fliegen nicht tief, dort oben sind sie, hoch über uns, das Abwehrfeuer ist zu stark, ich höre sie nicht lärmen, aber tiefer herunter können sie nicht, das Gewehrfeuer würde sie dann durchsieben, ja, das ist es, die Gewehre halten sie auf Distanz, die Bombenwerfer haben es schwer mit dem Zielen, elende Schweinehunde, feige, dreckige Banditen, und trotzdem, ihr irrt euch, das ist nicht nackte Verzweiflung hier unten, Gewehre gegen Bomber, das ist organisierter Kampf. Ein Feuersturm ist das, eine Feuerwalze, irgendwann wird es euch zerdrücken, umherwirbeln und zerdrücken, gegen das, was sich hier unten abspielt, habt ihr keine wirkliche Chance.

Sie hockten im Laufgraben, und Max schämte sich, er fühlte sich überflüssig. Beschützen ließ er sich, statt selbst ein Gewehr abzufeuern, Last war er für die Vietnamesen, nicht Hilfe, aber das ging wohl nicht anders, er war ja nicht Kriegsteilnehmer und war nicht hier als Soldat. Was half's, miserabel kam er sich trotzdem vor.

Nun jaulten Bomben. Immer dieses Jaulen während des Sturzes; er hatte es noch seit Potsdam im Ohr. Nein, anders, das Jaulen schlug die Brücke zu Potsdam, brach Verdrängtes, Vergessenes auf. Im Keller hatte er die Bombennächte verbracht, aber das Jaulen jetzt war das gleiche wie damals. Putz war von Decken und Wänden gerieselt, der Keller hatte zu kreisen begonnen, sich gehoben, gesenkt, nicht in seiner Einbildung, sondern tatsächlich, die dumpf oder berstend detonierenden Bomben – je nachdem, wie weit entfernt sie gefallen waren – hatten die Stadt geschüttelt, geschüttelt wie der Sturm einen Baum, die Erde hatte gezuckt und gezittert unter den tausend Verwundungen, und die Menschen im Keller hatten geweint und gebetet und hatten geschrien. Doch mit Gewehren war niemand den Bombern begegnet, es ist ein anderer Krieg gewesen, sinnlos für die in den Kellern, sie hatten sich nichts zu erhoffen gehabt, vom Krieg nicht und was denn vom Frieden, sie steckten gehörig im Dreck.

Wuchtige Explosionen. Die Hände vor dem Mund zum Trichter geformt, rief Tilling: „Wahrscheinlich am Roten Fluß ..., die Brücke Long Bien!"

Oder die Pontonbrücke, dachte Max.

Ihm schauderte bei dem Gedanken an jene, die in diesen Minuten dort unterwegs waren, vielleicht festsaßen, ausgeliefert den Fliegern, ihnen ungedeckt präsentiert. Anderthalb Stunden früher, überlegte er, und es hätte uns dort erwischt. So kann es gehen, und da glaubten wir schon, Krieg in Hanoi ist wohl nur ein Gerücht. Er streichelte Ina. Da sah sie ihn an und schaffte es zu lächeln.

Ihre Augen wirkten unnatürlich groß.

Das Knallen der Gewehre in unmittelbarer Nähe nahm wieder zu. Die Flugzeuge kehrten zurück, vielleicht schon mit Kurs auf ihren Stützpunkt, vielleicht auch mit weiterem Angriffsziel. Dann wurde das Abwehrfeuer spärlicher, klang nur noch aus der Ferne herüber, und schließlich verebbte es ganz.

Ina sagte etwas, Max sah es, aber er hörte sie nicht. Zum Zeichen dafür, daß er wohl taub sei, steckte er sich die Zeigefinger in die Ohren. Brandiger Geruch erfüllte die Luft, Pulverqualm aus heiß werdendem Eisen. Ebenso aufdringlich schmeckte die Luft danach. Mit dem Mund kam Ina nun an sein Ohr.

Er nickte. Ja, sie sind weg, sollte das heißen, wahrscheinlich sind sie für dieses Mal weg.

Wie nach dem Baden, wenn noch Wasser in den Gehörgängen ist, schüttelte der Lange den Kopf. Max tat es ihm nach – es half.

Reischock sagte: „Immer lustig, wohlgemut …" Doch gar so erheitert sah er nicht aus.

„Fünfhundertkilobomben", sagte Tilling, „kein Gramm weniger, da könnte ich wetten." Möglicherweise verhielt es sich so, trotzdem hätte er sich den Satz verkneifen dürfen; nach technischen Parametern stand ihnen jetzt gewiß nicht der Sinn. Niemand ging auf ihn ein.

Sie standen jetzt, der Grabenrand reichte ihnen bis maximal zu den Schultern. Im weitläufigen Hof oder Garten des Hotels liefen schon wieder Leute umher.

„Bißchen noch Zeit", sagte Tam, „für uns bißchen noch Zeit. Sind Sie gesund?"

Max drückte ihm den Oberarm.

Danach schwiegen sie. Tam schnaufte, sein Kinn zitterte. Jetzt nahm er eine Handvoll Erde und schleuderte sie wütend hinaus in die Nacht. Dabei sagte er: „Merde!"

„Was ist?" fragte Ina, und ihre Stimme tröstete schon.

Tam blickte traurig. „Kein Zugfleug richtig getriffen", sagte er, „die Flak nicht und keiner."

„Vielleicht doch", sagte Ina, „ach was, bestimmt wurde ein Flugzeug getroffen. Sie sollten sich keine Vorwürfe machen."

„Er hat aber recht", sagte Klaus Tilling. „Wenn eine Maschine abstürzt ..., den Aufschlag spürt man wer weiß wie weit, wie ein Erdbeben, stell ich mir vor."

„Du Kluger." Er durfte glauben, sie bewundere ihn. „Und jetzt, Klaus, stell dir außerdem vor, ein Flugzeug käme noch ordentlich runter, mit Ach und Krach, aber bitte. Und plötzlich sieht man, es ist beschädigt, so schlimm, daß es nie wieder starten darf, eine schrottreife Mühle. Was meinst du, käme das einem Abschuß nicht gleich?"

„Na ja, rein theoretisch ..."

Sie unterbrach ihn und sagte zu Tam: „Bitte, Klaus Tilling sieht es genauso wie ich."

„Nicht richtig getriffen", sagte Tam leise, er wußte es besser.

„Passiert es denn manchmal", fragte Reischock, „daß ihr ihnen die Federn rupft?"

„Federn rüpft ...?"

„Die Flügel brecht, totál kaputt? Manchmal – und das mit Gewehren?"

Tams Gesicht hellte sich auf. „Schon viele gerüpft. Federn total kaputt, alles klar?"

„Alles." Reischock grinste und zeigte über der Faust den senkrecht gestellten Daumen.

Ein kehliger, gespenstisch klingender Schrei ließ Ina zusammenzucken. „Was war das?" fragte sie.

„Ein Vogel der Nacht", sagte Tam.

Tilling erwies sich auch als zoologisch gebildet. „Ein Nachtvogel, meint er."

„Nein", sagte Ina, „Vogel der Nacht ist schöner. Das klingt so verheißungsvoll."

Und dann war es so, als hätte der Vogel Milliarden kleinen Musikanten das Zeichen zum Einsatz gegeben. Auf einmal erfüllte ein zirpendes, singendes Geräusch die Nacht, von allen Seiten kam es, wie auf Wellen, die vorstoßen und zurückfluten, vor und zurück.

„Moskitos", sagte Tam, „bestimmt auch Zikaden. Sie waren erschröcken, jetzt nicht mehr. Gleich wird man entwarnen."

Kaum hatte er es ausgesprochen, da ertönten bereits die Sirenen. Geführt von ihm, verließen sie den Splittergraben und gingen zurück ins Hotel.

„Jetzt", sagte Ina zu Max, „hätte ich überhaupt nichts dagegen."

„Wogegen nicht?"

„Wenn du meine Hand nehmen würdest."

Sie ließen die anderen ziehen, standen sich gegenüber und sahen sich in die Augen. Er war glücklich, sie lebten, sie hatten einander. Er mochte es nicht für sich behalten, wollte sprechen, da legte sie ihm die Finger über die Lippen. Sie sagte: „Ich weiß ja. Außerdem gehört es sich so."

In der nun wieder erleuchteten Halle warteten Trien und Hoa bereits, sie lächelten. „Entschuldigen Sie den Zwischenfall", sagte Hoa. „Aber ich höre, Sie waren sehr mutig."

Was darauf antworten?

„Also bitte", Trien lud mit einer Armbewegung ein, „gehen wir wieder ins Restaurant."

„Ins Restau …?" Der Lange konnte nicht zu Ende sprechen.

„Natürlich. Wir bekommen noch unser Dessert."

Auf dem Wege zum Tisch schob sich Genosse Köppke Max an die Seite. „Begreifst du …?" fragte er leise. „Die Amerikaner werden es nie begreifen, nicht *dieses* Volk."

Die Serviererinnen waren schon wieder Feen. Wann hatten sie sich gewaschen, gekämmt, am Ende sogar noch umgezogen? Wie eben erst aus dem Schrank genommen, so sahen ihre weißen Blusen und die glänzenden schwarzen Hosen aus.

Gewiß überdeckte ihr Lächeln innere Not, aber es war so unbewölkt heiter, von einem solchen Zauber, daß es schwerfiel, an innere Not zu glauben.

Feen als Helden? dachte Max. Wie malt man, wie gestaltet man sie? Auf Anhieb fiel ihm kein Beispiel ein, kein Bild und kein Buch. Denn mit dem Begriff „die Kraft der Schwachen" war diesen Mädchen nicht beizukommen. Sie – er war überzeugt davon – mußten auch als einzelne stark sein, in der Einsamkeit noch. Diese Starken sahen nur anders aus als gewohnt, als bisher beschrieben, viel zerbrechlicher, aber es waren die Starken. Die stark gewordenen ehemals Schwachen, doch *ehemals* war überwunden, die Gegenwart zeigte die Stärke der Starken, der neuen Starken – wie denn nun, Literatur?

Hör auf, Max Spinnt, sagte er zu sich selber, geh beruflich nicht wieder fremd. Du wolltest nie wieder schreiben, ein ungesundes Gewässer für dich, du weißt das genau, wo du Tiefe erreichen müßtest, schlägst du mit prächtigstem Bauchklatscher auf. Vom Absprung bis zum Eintauchen fliegst du durch gefährliche Zonen. Der Atem der Zeit, verstehst du, von mehreren Seiten auf einmal, bald böiger Wind, bald wütender Sturm, wirbelt dich um die eigene Achse, was, ein richtiger Turmspringer schafft es dann trotzdem, na ja, dann bist du halt keiner.

Aber Helden sehen aus wie Feen. Auch wie Feen. Dabei zu bleiben, gestattest du dir. Quatsch, davon gehst du nicht ab. Und jetzt: Punkt!

Als Nachtisch gab es kalte Papaya, eine melonenartige Baumfrucht, sehr süß und saftig, und wenige Tropfen Zitronensaft steigerten den Genuß.

Ina zitterte beim Essen die Hand.

Auch dem Langen, heftiger sogar. Er bemerkte Max'

Blick und schob den Teller nun von sich. „Tut mir leid, so gut es schmeckt, ich krieg nichts mehr rein."

Tilling fragte: „Gibst du mir deins?"

Reischock aß ruhig, den Blick gesenkt.

Jetzt tupfte sich Hoa mit einer Serviette den Mund ab. „Verabschieden wir uns für heute", sagte er und stand auf. „Übermorgen um drei Uhr dreißig morgens holen wir Sie ab am Hotel. Erholen Sie sich." Er kam um den Tisch herum und gab Max die Hand. „Es war ein guter Anfang zwischen uns. Übrigens, du sagtest vorhin: Na starowje. Sprichst du denn russisch?"

Max zuckte mit den Schultern. „Etwas."

„Ich auch etwas." Das sagte er schon in der Sprache, die sie beide verstanden. Er zwinkerte fröhlich. „Ausgezeichnet ist das. Parteisekretäre brauchen nicht immer und überall Zeugen; Gespräche unter vier Augen sind wichtig. Und wer ein wenig neugierig ist, den ärgern wir damit, vielleicht sogar den tüchtigen Trien."

Der fragte Max: „Sie sprechen von mir?" Sein Lächeln wirkte ein wenig erzwungen.

„Ja, von Ihnen." Max lachte. „Wir wollen Sie ärgern – so dann und wann."

Trien lachte ebenfalls. „Höchstens mit Fußball. Genosse von Beyer hat mir gar nichts erzählt, nun, übermorgen haben wir Zeit dafür." Das alles klang nicht besonders echt.

Wieder auf vietnamesisch sagte Hoa: „Alles wird gut, lieber Genosse Max, alles. Auf Wiedersehen."

Im Zimmer stand Ina, die Hände am Hinterkopf verkettet, eine Weile vor den mit weißen Moskitonetzen überspannten Betten. „Welches ist deins?" fragte sie.

„Mir egal. Also schön, das linke." Er ging ins Bad.

„Einverstanden", rief sie Max nach, „dann nehm ich das rechte." Sie hatte ihren Pyjama an, hatte bereits gebadet und duftete.

Als er wieder das Zimmer betrat, lag Ina in seinem Bett. „He“, sagte er, „warum fragst du mich erst ...?“

„Damit ich weiß, wo ich nicht allein bleiben muß. Ich meine, mit Sicherheit.“ Mit zwei Fingern hob sie das Moskitonetz an und schuf so ein Schlupfloch für ihn. „Komm. Und mach gleich wieder zu.“

„Verrückt“, sagte er, tat aber, was ihm geheißen, und stopfte das Netz unter der Matrazte fest. „Normale Leute müßten jetzt rechtschaffen müde sein.“

„Ich bin ja auch müde, ganz fertig, und zwar so sehr, daß ich bestimmt nicht einschlafen kann. Ich graule mich, Max. Nur darum will ich jetzt hier sein und nicht aus dem Grund, den du vielleicht denkst.“ Unter dem Leinentuch, mit dem sie sich zugedeckt hatte und unter das sie auch ihn nun bugsierte, war sie inzwischen allerdings nackt. Gleich umschlang sie ihn, unterwarf ihn sich sozusagen, und auf ihm liegend, flüsterte sie: „Man muß den Körper schon haben, den vom andern, sonst spürt man ja nichts.“

Er umfing ihren Kopf. „Wovor graulst du dich?“

„Vor allem. Und dann auch die blöden Krokodile an den Wänden.“

„Die Geckos.“

„Die blöden Krokodil-Geckos, so!“ Sie zeigte ihm die Zunge, senkte langsam den Kopf, kitzelte seine Lippen, und er dachte, wir sollten nicht, das geht doch nicht jetzt, aber zwischen ihren Schenkeln war er längst wach, rebellisch wach geradezu, und es drängte ihn auch, sich nun zu verlieren, mit ihr und in ihr, er brauchte es nach diesem Abend, es war soviel Hunger nach Leben in ihm, Schreien nach Leben, auch dankbares, glückliches Schreien, daß er des Lebens teilhaftig war, und leidenschaftlich wälzten sie sich, keuchten und stöhnten, und wenn ihre Münder sich lösten, sagte er immer wieder: „Wesen ..., mein Wesen ...“ Er weinte beinahe: „Bleib mir, dir darf nichts passieren ... Du Nichtraucherin ..., du Herrliche ..., du herrliche Nichtraucherin ... Tu ich dir weh?“

„Nein, Student, nein ... Ich spüre dich so ... Du bist ... Alles, was in mir ist, alles bist du ... Mein Student, mein Max. Sterben muß ich ohne dich, sterben ... Ich will nicht, du mußt mir am Leben bleiben, immer und ewig ... Max, ich möchte ein Baby von dir, jetzt ..., jetzt will ich ein Baby von dir ..."

„Nein, Wesen, nein, nicht in Vietnam ..."

„Doch in Vietnam, doch ... Erst recht in Vietnam."

„Ich laß dich nicht, ich ... Ich will ja alles, was du willst. Aber bitte nicht hier, bitte nicht jetzt schon."

„Du Guter. Du Lieber. Nein, nicht hier und nicht jetzt. Später, ja, später ...? Verzeih mir, Student, bitte, verzeih mir."

„Still jetzt ... Schlaf mit mir ... Ich schlafe dich ohnmächtig, du ..."

„Ja, ja ... Schlaf mich ohnmächtig ... Und ich schlaf mit dir, daß du irrsinnig wirst. Hörst du, du mußt ganz irrsinnig werden ...!"

Er war es bereits. Er stieg und er fiel, und vor nichts war ihm bange, nicht vor dem Himmel und nicht vor der Schlucht. Er selbst war der Himmel, und gemeinsam mit Ina war er das Bild, die Bewegung darin. Erde und All begannen zu kreisen, ihn schwindelte.

Ina schrie. Sie würde das Haus zusammenschreien, er wußte es, und es war ihm egal. Da warf sie den Kopf zur Seite, biß in das Kissen und vergrub das Gesicht. Er hörte sie trotzdem noch laut genug, erstickte Schreie, in der Kehle schon abgewürgt, und es gab keinen Laut auf der Erde, der herztiefer traf als der. Sie war es, sie, die ihn nun streckte, sie streckte ihn lang und streckte ihn hin. Er war sich nicht sicher, er glaubte, sich selbst nun schreien zu hören. Sich selbst ...? Hilfe, er wußte nun gar nichts mehr.

Er kam wieder zu sich, sehr müde. Sie ließ ihn nicht los, und er streichelte sie, liebkoste mit Händen und Mund. Nur anfassen sollte sie ihn jetzt nicht, nicht dort, es war ihm eher unangenehm, danach jetzt, aber sie tat es immer wieder, und er ließ es geschehen und drehte sich allmählich zur Seite, er zog sich zurück.

„Ach, Mönsch." Ina beklagte sich. Erneut umschlang sie seinen Oberkörper und drückte mit unglaublicher Kraft. Dann warf sie die Arme nach hinten, hielt die Augen geschlossen und lächelte. „Selig, selig, selig", sagte sie.

Mit der hohlen Hand fuhr er ihr von den Schenkeln hinauf zum Hals, er scheffelte Schweiß. Den ließ er nun auf das Kopfkissen tropfen. „Wie in der Sauna", sagte er heiter. „Sauna Vietnam."

„Das Leinentuch häng ich zum Trocknen auf."

„Und weiter? Unter uns ist es ebenso naß."

„Na, siehst du. Da kannst du mal merken, was du für eine kluge, weit vorausdenkende kleine Frau hast. Wir siedeln jetzt um in mein trockenes Bett."

„O ja!" Bettkantenlang riß er das Moskitonetz hoch, unbesorgt darum, welche Viecher nun Unterschlupf fänden, und Ina drängelte noch hinweg über ihn und ging nicht, sondern tanzte ins Bad.

Feuchte, heiße Luft stand im Zimmer. Er schaltete den zweiflügligen, in der Decke verankerten Ventilator ein. Das Ding verursachte einen Lärm, vergleichbar einer Bohrmaschine im Leerlauf, aber es schaffte kühlenden Wind. Max rieb sich nur mit dem Leinentuch ab. Vom Lieben wird man nicht schmutzig, fand er, im Gegenteil, Ina ist dumm, ich atme gern ihren Körpergeruch.

Später, Hand in Hand lagen sie auf dem Rücken nebeneinander, fragte sie leise: „Nach einem Bombenangriff ..., kann man so sein, als wäre gar nichts passiert – wie die Serviererinnen?"

„Ich weiß nicht – nach fünfundzwanzig Jahren Krieg ...? Vielleicht ist das ihre wirksamste Waffe, ihr Stolz, ihre Würde? Anders wäre es übermenschlich ..., ich meine, wenn ich es nicht gesehen hätte und es erzählte mir jemand, ich würde denken, der lügt."

Ihr Körper zuckte. Weinte sie etwa? Er schwieg, er fühlte sich nicht.

Minuten danach. Sie fragte: „Beim Fliegeralarm ..., den Trinkspruch, warum hast du ihn zu Ende gesagt?"

„Wieso? Wie kommst du darauf?"

„Verzeih mir, es kam mir so heldisch vor. So schrecklich heldisch."

„O Gott. Dabei sind mir die Knie fast eingeknickt. Ich dachte nur, unsere Mannschaft darf jetzt nicht das Gesicht verlieren, ich habe für Ruhe zu sorgen. Hoa und Trien könnten sonst denken, wir wären nur neues Gepäck für sie. Lach nur, ich hatte gräßliche Angst."

„Dann ist es gut." Sie zog seine Schenkel zwischen die eigenen und schmiegte sich wieder an. „Schlaf jetzt, du Mutiger. Schlaf."

„Wirst du es denn können?"

„Und wie." Wohlig ahmte sie Tam nach: „Alles geledigt, die Angst und alles." Sie führte ihm einen Schnarcher vor.

Den Vormittag verbrachten Holger Reischock und Max in der Botschaft der DDR. Das Gebäude, durchaus als Villa zu bezeichnen, stand in der Nähe des Zentrums gegenüber einem kleinen Park. Hinter einem schönen Eisenzaun befand sich ein gepflegter Vorgarten mit hohen Bäumen darin. In den Räumen des Hauses herrschte eine gedämpfte, freundliche Atmosphäre.

Eine Sekretärin servierte ihnen Kaffee und kühles Radeberger Pilsner.

„Trinkt mit Bedacht", sagte Köppke, „es wird wohl für lange das letzte sein. Wir haben es auch nur zu besonderen Anlässen, nicht, daß ihr denkt ..." Er lachte von Herzen.

In Vietnam gewachsen, geröstet und staubfein gemahlen war der Kaffee. Aufgebrüht war er ein bißchen sämig, denn es bildete sich kaum Satz – effektivste Ausnutzung des Rohstoffs, wenn man so wollte –, und mit Sicherheit war er ebenso giftig wie stark. Im Geschmack war er unvergleichlich, bedingt wahrscheinlich durch die Art des Röstens, und ohne weiteres hätte man annehmen können, es handele sich nicht um Kaffee, sondern lediglich um ein artverwandtes, dann aber gefährlicheres Getränk. Köppke nahm etwas davon auf einen Teelöffel und benetzte eine Zigarette damit. Sie war danach ziemlich ekelhaft anzusehen. „Na, wer möchte? Beziehungsweise wer traut sich? Hierzulande sind das die großen Muntermacher, fast eine Injektion." Ironisch musterte er die Gäste.

„Probier'n ...", sagte Max. Nach wenigen Zügen stieg ihm ein warmer Rausch in den Kopf, wie jenes Unwohlsein, das Krankheiten ankündigt, war das, und er drückte die Zigarette rasch aus.

Der Spender der „Injektion" amüsierte sich. „Die Toilette findest du den Gang runter, links."

Anders als am vergangenen Abend in Gegenwart der Vietnamesen war er jetzt beinahe laut, auch heftiger in den Bewegungen, gewissermaßen unverstellt deutsch. Nun ja, warum nicht; die Besucher ließen ihn Heimatluft schnuppern, und da protzte er eben ein wenig mit seinen Erfahrungen.

Bald gesellten sich der Erste Botschaftsrat, ein weiterer Genosse und Kuß dazu. Letzterer sagte: „Alle Achtung, frisch seht ihr aus. Habt ihr euch also schon eingelebt?"

„Und das bei dem Einstand", sagte der Botschaftsrat. Im Gegensatz zu den anderen war er überhaupt nicht gebräunt; vermutlich bekam er schnell einen Sonnenbrand – seine Haut war rosig und sehr zart – und hielt sich deshalb nur im Schatten auf. Ein schwieriges Los in einem mit Sonne gesegneten Land. Nervös drehte er an seiner Armbanduhr. Dabei blickte er angestrengt auf das Zifferblatt, unwillig auch, und Max dachte, wenn kein Glas darüber wäre, würde er die Zeiger stoppen, er hat wenig Zeit. „Es hat Tote gegeben, leider."

„Galt der Angriff der Brücke?" fragte Reischock.

„Ja, auch der Brücke. Genaueres weiß ich selbst noch

nicht.“ Energisch drehte er die Uhr samt Armband so, daß er sie nicht mehr sehen konnte. Verbindlich lächelnd, nun voller Aufmerksamkeit für seine Besucher, beugte er sich vor. „Zunächst, liebe Freunde, bin ich beauftragt, Ihnen die herzlichsten Grüße des Genossen Botschafters zu übermitteln. Er bittet Sie, ihn zu entschuldigen, da er dringend woanders erwartet wird. Aber wie heißt es so schön: Aufgeschoben ist nicht aufgehoben. Und nun zu uns, zum eigentlichen Anlaß unseres Gesprächs.“

Sachlich und gut gliedernd, informierte er über Ereignisse, Dinge und Erscheinungen, von denen sie wissen müßten. Manches davon war Max schon bekannt. Dennoch war es interessanter, weil konkreter, hier vor Ort etwas über die politischen und ökonomischen Gegebenheiten im Lande zu hören. Nicht weniges stellte sich komplizierter und vielschichtiger dar, als es sich den öffentlichen Publikationen zu Hause entnehmen ließ.

Einer der Hauptverbündeten Vietnams in diesem Krieg – neben der Sowjetunion und den anderen sozialistischen Ländern – war die Volksrepublik China. Trotz der Kälte im Verhältnis der beiden großen Staaten zueinander und der Spannungen in ihren Beziehungen gelang es der vietnamesischen Partei der Werktätigen und ihrer Führung, die Freundschaft nach beiden Seiten zu pflegen.

„Wir haben das zu respektieren“, sagte der Erste Botschaftsrat. „Natürlich gibt es für alles Motive, wird Zukunft kalkuliert, von jeder Seite her, sich widersprechende Motive, einander ausschließende sogar, und alles hat Folgen, so weitgehende, daß Sie manchmal irritiert sein werden. Meine Bitte an Sie: Halten Sie sich dann heraus, mischen Sie sich nicht ein, schon gar nicht als Besserwisser. Vietnam führt Krieg, nicht wir, Vietnam muß siegen; es hat das Recht auf den eigenen Weg. Überhaupt ist es gut, davon auszugehen: Auch anderswo kann man denken und hat seine Sinne beisammen. Verzeihen Sie mir meine Offenheit, ich will niemanden verletzen – andererseits passieren so Dinge mit einigen Leuten von zu Hause, wo man sich wirklich nur wundern kann. Ein leidiges Kapitel, nun, ich erspare es Ihnen."

Kuß hatte mitgeschrieben. Er benutzte einen Füllfederhalter. Vermutlich war er ein akkurater Mann mit Sinn für Qualität.

Jemand hatte die Tür zum Flur nicht ordentlich eingeklinkt. Von draußen war jetzt eine etwas schrille, aufgeregte Frauenstimme zu hören: „Nein, so etwas, eine Wasserpfeife aus Bambus! Silber müssen Sie kaufen, Silber ist billig hier, es behält seinen Wert. Warum hört man nicht auf mich, lauter Kinkerlitzchen kaufen die Leute, aber Silber ..."

Mißmutig war der Botschaftsrat zur Tür geeilt und hatte sie kräftig ins Schloß gedrückt. Sein Lächeln jetzt bat um Nachsicht. „Unsere Andenkenjäger, schlimmer als Kinder." Er seufzte und nahm wieder Platz. Ohne hinzusehen, drehte er seine Uhr erneut hinauf auf den Rücken des Handgelenks. „Hm, was wäre noch wichtig – was immer geschieht, bitte denken Sie daran, Sie sind keine Kriegführenden, keine Kombattanten. Ihre Waffen dürfen einzig nur Werkzeug heißen, ihr Kampf Arbeit. Anders nutzen Sie niemandem, uns nicht und nicht den Vietnamesen; die Weltlage ist verwickelt genug. Ich sehe, Sie schütteln den Kopf – wir doch nicht, wenn ich das deuten darf, wir sind keine Abenteurer. Ihr Vorsatz in Ehren, aber glauben Sie mir, bittere Stunden sind möglich, sehr bittere, und dann nicht an die Vierlingsflaks zu stürzen, den erreichbaren Karabiner zu übersehen, das ist wirklich nicht leicht." Wieder verfolgte er den Zeiger seiner Uhr, angestrengt wie vorhin. „Es tut mir leid", er erhob sich, „ein weiterer Termin ..."

Während er Reischock und Max die Hand drückte, sagte er: „Sach- und Fachfragen klären Sie bitte mit den Genossen Köppke und Kuß. Sie werden Ihre Partner sein, auch später. Und denken Sie daran, der kürzeste Weg zum Heimatbetrieb ist nicht der direkte, sondern der über die Botschaft. Oder mit einem japanischen Sprichwort gesagt: Wenn du es eilig hast, mach einen Umweg. Alles Gute. Auf Wiedersehen."

„Allerdings", sagte Kuß, „wenn jemand von der Baustelle in Hanoi ist und eure Post gleich mitnehmen will, vor sechs Uhr morgens erreicht er hier nichts."

„Wieso", fragte Max, „ist die Botschaft nachts nicht besetzt?"

„Schon, durch den Bereitschaftsdienst. Und der, das wird jeder verstehen, ist für andere Aufgaben da."

„Ah ja." Max nahm es zur Kenntnis, logisch war ihm die Sache nicht.

Der Botschaftsrat blickte nachdenklich.

Als er hinaus war, dachte Max, den vergesse ich nicht, den merke ich mir als den Mann mit der Uhr.

In der Folgezeit, da es konkret um die Baustelle ging, geriet Holger Reischock ins Schwitzen. Zwar hatte er nicht erwartet, dort aus dem Vollen schöpfen zu können, doch er mußte jetzt hören, daß es manchmal auch gelten konnte, aus gar nichts etwas zu machen.

„Das Material", sagte Köppke, „kommt alles per Schiff, meistens über Haiphong. Häufige Luftangriffe auf den Hafen erschweren die Löscharbeiten, schlimmer noch, fast unmöglich werden sie dann. Und schließlich der Weitertransport zur Baustelle, bisweilen eine Odyssee, sag ich euch. Was von der Lieferung letztlich noch ankommt ..., nun, ich will euch nicht entmutigen. Nur eins: Von hier nach Berlin geht ginge es noch einigermaßen unkompliziert, später ist es vielleicht zu spät. Sagt dann nicht, wir hatten ja keine Ahnung – Köppke hatte euch gewarnt."

„Spar dir das", sagte Max, die Selbstgefälligkeit des Diplomaten ärgerte ihn.

„Bitte?"

„Schon gut."

Reischock sagte: „Immer lustig, wohlgemut ..." Dabei grinste er Köppke an.

Der lenkte ein. „Entschuldigt. Ich agitiere euch, als wärt ihr Touristen."

Aber dann, am Nachmittag, ging es doch noch touristisch zu. Tam war im Hotel erschienen, um ihnen ein wenig die Stadt zu zeigen. „In etwa zwei Stunden", sagte er. „Legen Sie sich so lange ins Bett, Siesta, olé."

„Warum erst in zwei Stunden?"

„Ich müß bißchen arbeiten erst noch. Und Regen wird auch schon am Ende sein."

„Welcher Regen?" Der Himmel war blau.

Er war es nicht mehr nach zwanzig Minuten. Erste schwere Tropfen nagelten Papierfetzen gegen das Pflaster. Sekunden darauf entluden sich die Wolken, als gäbe es Millionen Rohrbrüche dort oben. Nicht in Schnüren regnete es, sondern in Seilen.

Sie standen auf der Treppe unter dem überdachten Eingang des Thon Nhat. Die Straße verschwand unter den Wassermassen, ein Kanal war sie nun mit heftiger Strömung, und die Hosenbeine hochgekrempelt, ihre Fahrräder schiebend, wateten Männer und Frauen hindurch. Kaum jemand suchte Unterschlupf vor dem Regen, rastlos waren sie, geradezu fixiert auf ein Ziel. Von den aus Bast geflochtenen spitzen Hüten der Mädchen und Frauen – mit einem Schleifenband waren die unter dem Kinn festgebunden – schoß der Regen so dicht herab, daß ein Wasserfilm um die Gestalten entstand: Menschen hinter Glas.

Ina hakte sich ein bei Max. „Was für ein Bild", sagte sie, „was für ein Bild."

Tilling stand der Mund offen.

Reischock und der Lange schickten sich an, Oberhemd und Schuhe auszuziehen; fraglos hatten sie Lust zu planschen.

„Laßt das", sagte Max, er befahl es. „Wo es andern um die nackte Existenz geht, werdet ihr albern. Wie denkt ihr euch das – als Kontrastprogramm?"

„Hö, einen Ton schlägt der an ..." Der Lange war das.

Max fuhr herum, er war plötzlich wütend. „Ist was?“

„Spaß beiseite, Ernst komm her.“ Reischock legte ihm den Arm um den Rücken und drückte ihn versöhnend. „Entschuldige, Ernst, du heißt ja Max. So, und jetzt lach kurz ab.“

Jäh, wie der Regen eingesetzt hatte, so hörte er wieder auf. Kühler geworden war es kaum. Nur feuchter war die Luft nun, regelrechter Wasserküchendunst. Das blieb auch so, ja, es verstärkte sich, als die Sonne wieder zum Vorschein kam. Jetzt dampfte Hanoi.

Unergründlich, woher, jedenfalls aus den Tiefen des Hotels tauchte plötzlich der lächelnde Tam wieder auf. „Alles klar“, sagte er, „wenn Sie nun wünschen, verfolgen Sie mich.“

Daß er mit ihnen schlenderte, war nicht zu behaupten. Eher legte er ein Tempo vor, das vermutlich hoch genug war, um noch vor Einbruch der Dunkelheit die nächste Großstadt zu erreichen, ein Kampf um Meter und Sekunden somit. Sie stoppten ihn von Mal zu Mal, hielten ihn fest, er sah seinen Fehler unglücklich ein, bat um Verzeihung, vergaß, was er eben versprochen hatte, und marschierte aufs neue davon. Guter, bemühter Tam – er konnte nicht anders. Vielleicht waren Sonn- und Feiertage für ihn so etwas wie versunkene Städte, von denen – gegen den Hunger – die Alten manchmal den Kindern erzählten: Früher gab es ..., ja, früher.

Max hatte es an sich selbst erfahren, als Junge. Im kalten Zimmer vor der geöffneten Ofenklappe sitzend, Geschichten in das spärliche Feuer träumend, die kleine Frau und er auf einer niedrigen Bank, hatte sie leise gesagt: „Früher, zur Friedenszeit ..., es gab sogar Dominosteine zum Essen, stell dir das vor.“ Das Wasser im Mund war ihm zusammengelaufen, und doch hatte er sich diese Dominosteine einzig aus Holz denken können, einem Wunderholz, das schon, und es schmeckte herrlich mit Zucker und Zimt. Oder, bitte, mit Kümmel und Salz. „Du hast sie sogar schon gegessen", sagte sie, „aber du warst noch klein. Du wirst dich wohl nicht mehr erinnern können." Und er darauf: „Ich weiß nicht, ein bißchen ..., besser noch, glaub ich, als Topfwurst mit Sauerkohl."

Damals die Dominosteine – heute der Sonntagsschritt. Vielleicht glaubte auch Tam, Bescheid zu wissen, zumindest eine Vorstellung von dieser Schrittart zu haben: Immerhin ging er ganz ohne Last.

Wirklich attraktive und große Bauten gab es nur wenige in Hanoi. Und wo es sie gab, dort waren sie meistens von französischen Kolonialherren für ihre Verwaltung errichtet worden. Dominierend waren Häuser, die aufgestockten Garagen nicht unähnlich sahen. Kolonialstil auch das. Der zu ebener Erde liegende Teil – häufig in voller Breite und Höhe mit einem zusammenschiebbaren Gittertor aus Eisen zu verschließen – beherbergte zur Straße hin Werkstätten für Schuhmacher, Fahrradreparateure, Schneider und weitere Dienstleistungsbereiche, oder es gab dort Waren zu kaufen, vom Trödel bis hin zu kostbaren Schnitzereien aus Fisch- und Elfenbein. Verblichene graue und weiße Tücher, bisweilen durchlöchert, hingen als Schutz gegen die Sonne davor. Tiefer im Raum lebte die Familie, dort wurde gekocht und gegessen, geschlafen in erdrückender Enge und vielleicht auch, wer weiß, in den Nächten geliebt.

Alles schien dem Verfall ausgesetzt. Das Klima, der Krieg ... Mehrmals sahen sie Ratten.

Der aufgestockte Teil dieser Häuser hatte Fenster zur Straße hin, mehrere schmale oder ein breites, und ab und an fand sich dort ein kleiner Balkon.

Es war dies eine Straße, in der annähernd soviel Menschen unterwegs sein mochten, wie sie Pflastersteine hatte. „Unsere Schönhäuser Allee", sagte Tam, „Spezialisten von Ihnen haben sie getäuft. Viel reiche Leute hier. Nationale Bourgeoisie."

Nach Abwässern stank es in dieser Straße, es duftete nicht nach Parfüm. Reichtum mit solchem Zuhause? Nun ja, alles im Leben auf der ganzen Erde war immer nur relativ.

Außerdem – das kannte Max von Bauern daheim – tarnen sich Besitzende oft: Abend für Abend Pellkartoffeln, Tunke und Quark, höchstens noch saure Gurken dazu, aber auf der Bank das dicke Konto, seltener jetzt schon das Geld im Strumpf.

Viele kleine Dinge verlockten Ina, sie wenigstens in die Hand zu nehmen. Reizvoll davon war alles, der Kamm aus Büffelhorn mit eingelegtem Drachen aus Perlmutt, der kupferne Armreif mit Patina, die Schatulle aus Holz, auf dem Deckel Lackmalerei. Aber Reischock krächzte dann gleich: „Silber müssen sie kaufen, nicht Kinkerlitzchen, warum hört man nicht auf mich, Silber ist billig und behält seinen Wert." Die Episode vom Vormittag hatte ihn mächtig aufgebaut, er zehrte davon. Als Antwort schnitt ihm Ina Grimassen, lachte aber mit den anderen und legte das Souvenir wieder weg.

Wenn nur nicht dieses Geschiebe und Gedränge gewesen wäre. Dauernd hatten sie Angst, einander aus den Augen zu verlieren. Und dann zurückfinden zum Hotel, mein lieber Mann. Klar, den Mund zum Fragen hatten sie, nur leider nicht das hier verständliche Wortmaterial.

Ein herausragend schweres Los hatte von Beyer gezogen, weil er eben herausragend war. Seine hünenhafte Gestalt wurde als Attraktion bestaunt. Ständig war er von Kindern umringt, dichte Trauben bildeten sie, gingen rückwärts vor ihm her, lachten, winkten, betasteten ihn, darum wahrscheinlich, ob auch alles echt sei an ihm, und er ließ sie gewähren, blieb freundlich, doch er schwitzte sehr und war rot im Gesicht.

Erwachsene riefen Grüße: „Lien Sso!" Immer wieder: „Lien Sso!"

Anderes war weniger angenehm: Im Gedränge wurden sie öfter angefaßt, zumal im Rücken. „Na!" Holger Reischock schüttelte sich. „Das ist ja gräßlich."

„Ja, gräßlich", sagte Tam verlegen, „bitte, entschuldigen

Sie. Manche Leute sind abergläubisch, Sie sehen gesünd aus, und wenn man die Hand auf Sie legt, wird man hoffentlich auch gesünd. Bitte, entschuldigen Sie, nicht böse sein, wir mussen die Menschen aufklaren noch."

Aufklären – aufklaren, Max schmunzelte, Tam fing an, sprachlich Nägel mit Köpfen zu machen.

Zuletzt, sie waren schon müde, besichtigten sie die Einbaumpagode, das war ein berühmtes Wahrzeichen Hanois. Sie erhob sich aus einem See und war erbaut auf dem mächtigen Stamm eines uralten Baumes. Dieses „Fundament" lag unter Wasser, und es war auch, wie Tam erläuterte, vor Jahren mit einem Betonmantel umkleidet worden, gegen Fäulnis und andere Schäden. Glücklich sagte er: „Zugfleu ... Flugzeuge, so ist es richtig, ja, alles klar, hier niemals getriffen." Er zwinkerte. „Buggha hütet besser als Flak."

Vor dem Hotel entließen sie ihn, bedankten sich noch und versprachen, pünktlich um drei Uhr morgens reisefertig zu sein. Es war ein schöner, früher Abend. Wieder dachte Max: Wie fern ist der Krieg, wie nah ist der Frieden?

„Am schönsten ist die Natur", sagte Klaus Tilling, er bot Zigaretten an. Also wollte er sie im Freien halten, spendabel war er nie ohne Grund. „Habt ihr die Kokospalmen gesehen? Solche Apparate. Und erst die Brotfruchtbäume – ich weiß es von Tam, daß sie so heißen."

Der Lange blickte skeptisch. „Welche war'n das?"

„Na, die mit den großen Brummern dran, wie Kürbisse, bloß unegaler, mehr wie Brote eben, bald rund, bald platt."

„Hab keine gesehen", sagte der Lange quengelig.

Logisch, die Kinder hatten ihn überfordert, er wollte nicht mehr.

Aber Tilling, ahnungslos wie stets, hieb weiter ein. „Mancher hat Augen und weiß nicht, wozu." Sein Vorsprung im Erleben machte ihn vorlaut. „Die Bananenstauden, könnte ich wetten, hast du dann auch nicht mitgekriegt? Überall waren welche."

„Was ist das – Bananen?“ Das klang schon gefährlich.

Max zog Tilling etwas zurück. „Ist ja gut, Klaus. Für uns war's genauso schön.“

„Daß ich so was erleben darf …“, er schüttelte den Kopf, „vor einem Jahr noch, nicht im Traum wär mir das eingekommen.“ Seine Dankbarkeit saß tief.

Reischock schubberte seinen Rücken an einem Pfeiler. „Mich juckt's überall“, sagte er.

„Na, na“, sagte Max und blickte kritisch.

„Wieso ‚na, na‘? Was hat das mit Überheblichkeit zu tun, mokier ich mich etwa? Wenn mich was juckt, dann sag ich: Es juckt mich. Ist das so schlimm?“

„Ehrlich gesagt“, Ina streichelte Max die Hand, „ein bißchen kratzen könnt ich mich auch.“

„Und ich erst mal!“ Der Lange, wer sonst.

„Dann verkriecht euch unter die Dusche! Aber quatscht nicht soviel!“ Max war gereizt, warum? Niemand hatte ihm etwas getan. Du machst dir Sorgen, sagte er zu sich selber, bis hierher war gar nichts oder nur Abschied und Ankunft, richtig los geht's erst heute nacht, alles wird anders werden. Du fürchtest, sei ehrlich, die Zügel aus der Hand zu verlieren, bevor die Pferde noch am Wagen sind.

Alle, bis auf Tilling, hatten ihn verlassen. Nun ging er wie vorhin Reischock zum Pfeiler und schubberte sich daran.

# 3. Kapitel

Von den nachtdunklen Straßen leuchtete Rotes: wie blutige Augen im Pflaster. Bald waren es viele Augen, willkürlich angeordnet, bald einsame, weit voraus in langer Flucht.

„Holzglut", sagte Klaus Tilling und gähnte. „Manche Laster verlieren sie, die fahren mit Holzgaskocher. Wie bei uns nach dem Krieg."

Der Kleinbus war kein Automobil, sondern ein Windjammer. Die meisten Fensterscheiben fehlten, und Zugluft pustete den Insassen die Hemden auf. Sie fröstelten. Ina zog sich Max' Arm um die Schultern und kuschelte sich unter seine Achselhöhle; leider war Ina nicht klein genug. Lust, sich zu unterhalten, spürte wohl niemand, selbst Tilling hatte seinen Satz von der Holzkohle leicht widerstrebend gesagt.

Auch Hoa, Trien und Tam verhielten sich still. Ihre Fahrräder hatten sie bei sich, die lagen festgezurrt auf dem Dach. Zum Morgengruß vor dem Hotel hatten ein paar Silben genügt: „Morgen – morgen. – Hallo. – Wie geht's?" Alles, wie sich's gehörte, wenn man frühmorgens zur Arbeit fuhr.

Im hinteren Teil war der Bus mit Säcken, Kisten und Kartons vollgestellt. Auch Waffen lagen dort übereinander, fünfzig etwa, Gewehre und Maschinenpistolen, staubbedeckt und gewiß nicht mehr neu. Sie für den Transport in Kisten zu lagern wurde vermutlich als überflüssig erachtet. Oder es gab diese Kisten nicht. Was nicht geht, das wird geschoben, dachte Max, es lebe die Improvisation. Der Motor lärmte, und beim Schalten krachte es immer wieder im Getriebe. Lange ging das bestimmt nicht gut.

Erneut, und dieses Mal ohne Aufenthalt vorher, passierten, bezwangen, dachte Max, sie den Roten Fluß und die

Pontonbrücke. Wenn sie beschädigt worden war während des Luftangriffs, so hatte man die zerstörten Teile inzwischen ausgewechselt. Manchmal fiel Licht auf das lehmiggelbe Wasser, dickflüssig sah es aus. Der Verkehr war noch schwach.

Als sie die Außenbezirke der Hauptstadt erreichten, graute der Morgen. Und wie unterschieden sich die Bilder hier von denen im Zentrum! Ganze Straßenzüge lagen in Trümmern. Max glaubte, Brandgeruch in der Nase zu haben. Aber das bildete er sich wahrscheinlich nur ein. Bürgersteige und Fahrbahnen waren gründlich vom Schutt befreit. Da und dort erweckten Blech- und Bretterverschläge den Eindruck, als würde in ihnen schon wieder gewohnt.

Etwas später stoppte der Bus. Tam stieg aus, in der Hand einen Stapel Papiere. Die zeigte er einem Uniformierten.

„Man braucht", sagte Trien und wies hinaus, „wenn man Hanoi verläßt, überhaupt für jeweils andere Orte, eine solche Permission, also eine Genehmigung. Sie verstehen, wir müssen sehr wachsam sein."

Der Uniformierte schritt die Fensterreihe des Busses ab, er blickte prüfend, er lächelte nicht. Unwillkürlich hatte Max das Empfinden, etwas auf dem Kerbholz zu haben, doch den Augen des anderen hielt er stand.

Die Strecke jetzt führte durch flaches Land. Zahllose Reisfelder säumten die Straße, seltener Felder mit Gemüse, großblättrigen Süßkartoffeln, Mais oder Zuckerrohr. Viele Bäche, Flüsse, Teiche und Seen. Auch Bombentrichter hatten sich mit Wasser gefüllt. Wasser, wohin sie auch sahen, ein Wasser- und Sonnenland. Na, vielleicht war das übertrieben, da die Reisfelder gleichfalls unter Wasser standen, stehen mußten und die spiegelnde Fläche dadurch vergrößerten.

Der Zustand der Straßen war allgemein schlecht. Schlaglöcher warfen den Bus hin und her, er hopste wie ein störrischer Esel. Mehrmals fuhren sie über erst vor kurzem zugeschüttete Bombenkrater. Die Taktik geht nicht auf, dachte Max, dem Land die Lebensadern zu zerstören. Hier unten sind Zauberkräfte am Werk.

Ungeachtet der frühen Morgenstunde knieten sich bereits Tausende Menschen sowohl beim Straßenbau wie auf den Feldern in ihre Arbeit. Ja, sie knieten sich, wörtlich war das zu nehmen: So mächtige Feldsteine schleppten sie, und es waren vorwiegend Mädchen und Frauen, so schwere Körbe mit Schotter und Kies hievten sie an die Bestimmungsorte, und die in der lehmigen Brühe der Reisfelder Setzlinge steckten oder Unkraut verzogen, taten dies ohnehin tief gebeugt, bis zu den Knien im Schlamm.

Oft schöpften sie auch Wasser in die Felder. Zu diesem Zweck standen sie auf den etwa einen halben Meter hohen, die Äcker umgrenzenden Dämmen, jeweils zu zweit, hatten einen Eimer oder anderen Blechbehälter nach dem Prinzip einer Kinderschaukel an Stricken befestigt, und mit gleichmäßigem Schwung warfen sie den Eimer in ein beliebiges Wasserreservoir, füllten ihn, indem sie nun zogen, und aus der Bewegung heraus schwenkten sie ihn durch die Luft – sie waren gleichsam die Pfosten der Schaukel –, und das Wasser schwappte hinein in das Feld. Gleichmäßig wie Maschinen bewegten sie sich, schienen Pausen durchaus nicht zu kennen, und wer jemals im Leben Schwerstarbeit geleistet hatte, sich etwas einbildete darauf, der wurde – Max war sich dessen absolut sicher – still und bescheiden beim Anblick dieser kleinen und so tapferen Frauen.

Wann aber mochten sie mit der Arbeit begonnen haben? Das erste Tageslicht schon hatte sie dort gezeigt, wo sie knieten und sich krümmten. Er fragte Trien.

„Sie beobachten gut“, sagte der. „Gestern am späten Abend.“

„Was denn – auch in der Dunkelheit?“

Trien lächelte. „Natürlich. Was man nicht sieht, das fühlt man. Und Flugzeuge, stimmt das, können nicht fühlen. Eins zu null damit für uns.“

Zehn zu null, dachte Max, er freute sich und winkte zum offenen Fenster hinaus. „Das heißt", fragte er dann, „am Tage gibt es oft Luftüberfälle? Sogar auf Feldern?"

„Nein, nicht?" sagte Trien. „Und woher die Bombentrichter?"

„Ja gewiß. Es ist nur …, man will es nicht glauben."

„Die Boys", Trien wies mit dem Daumen zum Himmel, seine Mundwinkel zuckten, „haben Freude daran, von oben her abzuknallen. Wir sind nämlich Ungeziefer, die Mädchen dort draußen sind Ungeziefer, der böse Viet Cong. Sie reinigen die Erde von uns, eine gute Tat, die amerikanische Nation kann stolz auf sie sein."

„Sei nicht so bitter." Unwillkürlich langte Max nach Triens Arm. Zum erstenmal hatte er ihn mit du angesprochen. Er schmunzelte. „Kommunisten sind überhaupt eine Plage; man stelle sich vor, wir gehen abends barfuß ins Bett."

Trien blieb traurig. „Du bist ein guter Mensch", sagte er. „Nein, nein, wehr nicht ab, wir fühlen das."

Hoa – hatte er sie verstanden – sagte auf russisch: „Viele Kinder wünschen wir dir."

„Was sagt er?" fragte Ina.

„Ach, nur so. Gut, daß wir keine Kinder haben. Vielleicht, sagt er, vielleicht ist es gut."

„Lügner." Sie knuffte ihn. Und dann bat sie Trien: „Bitte, übersetzen Sie dem Genossen Hoa, daß er so etwas ruhig öfter sagen darf."

„Warum übersetzen? Er sieht Sie an, und er weiß."

Null zu zwei gegen Ina, sie lächelte, sie steckte es weg.

Trien nahm das Thema von vorhin wieder auf. „Sie fliegen und fliegen. Auch heute wird es Angriffe geben, wenn nicht hier, dann woanders. Das Wetter ist günstig. Trotzdem, es geht. Vor anderthalb, zwei Jahren, achtundsechzig, war es am schlimmsten. Manchmal zwanzig Angriffe an einem Tag gegen ein und dasselbe Ziel. Damals waren gewisse Ereignisse in Europa, in der ČSSR, die ganze Welt war gebannt, was dort wird. Und hier in Vietnam, in der Randzone, nicht wahr, wurde tabula rasa gemacht. Die Gunst der Stunde, so sagt man bei euch, ist das so richtig? Den Versuch war es wert, uns in die Steinzeit zurückzubomben. Ihr kennt diesen Ausspruch?"

„Drohen kann man viel", sagte Reischock, er winkte ab.

„Nicht nur drohen, auch tun." Trien spuckte hinaus. „Sie werden bald etwas sehen, das metallurgische Kombinat Thai Nguyen. Warten Sie, Genosse Reischock, warten Sie nur."

Ein metallurgisches Kombinat in dieser Landschaft? Das mußten Bilder sein wie aus einem phantastischen Film. Denn wenn sie Ansiedlungen oder Dörfer durchfuhren, hätte man glauben können, dies wäre tiefes Afrika. Lehmhütten, bedeckt mit Wellblech, auch einigen Resten Pappe und Schilf, säumten die Wege. Hängebauchschweine wühlten vor den Eingängen, und im Sand liegend, träge blinzelnd, sahen ihnen gelbe, mittelgroße Hunde dabei zu. Viele der Hüttenbewohner hatten etwas zu verkaufen, Glasnudeln – oft waren sie auch nur unter der Sonne zum Trocknen ausgelegt, preisgegeben dem Staub –, Erdnüsse, Maniok und immer wieder Zigaretten. Wenn die ersten Eindrücke nicht täuschten, wurde viel geraucht in Vietnam, hastig, nervös und viel. Der Krieg hatte viele Gesichter, dieses war eins davon. Auch „Erfrischungsstände" gab es: Auf Kisten oder invaliden Tischen lagen grüne Kokosnüsse, zu Pyramiden aufgeschichtet. Kokosmilch, gleich aus der Schale getrunken, stillte nicht nur den Durst, sie ernährte. Vor Urzeiten bereits schien es hier nicht anders gewesen zu sein, und ein Hauch von Verlorenheit lag über dem Ganzen, als wäre die Zeit damals müde geworden und hätte sich hier zur Ruhe gelegt.

In jedem Ort, sobald sie Menschen begegneten, beugte sich der Fahrer zum Fenster hinaus und rief ihnen Fragen zu. Wahrscheinlich erkundigte er sich danach, ob sich Bomberverbände im Anflug auf diesen Raum befänden. Denn hinterher pfiff er jedesmal, pfiff immer wieder dieselbe Melodie, gab dann Gas und veranstaltete für eine Weile gewissermaßen Moto-Cross. In solchen Minuten war ihm die Fahrt fraglos eine Vergnügungstour. Weniger denen hinter ihm, sie wurden gestaucht und gegeneinandergeworfen, und das Polster der Sitze war hart. Doch protestieren mochten sie nicht.

Tiefgrün und ausgedehnt von Horizont zu Horizont, stand ihnen nun der Dschungel entgegen. Undurchdringlich wirkte er, und dennoch gab es einen Holperweg für sie, gab es vermutlich viele Wege, nur zugänglich denen, die ihre Heimat verteidigten, und Hunderte Insekten waren jetzt blinde Passagiere im schwankenden, langsam fahrenden Bus. Sie kamen herein, besuchsweise sozusagen, schwirrten ihnen um die Köpfe, fanden die vielleicht nicht sehr duftend und sausten wieder davon. Tilling allerdings war begehrt unter ihnen, sie piesackten ihn, und auf der Jagd nach Moskitos ohrfeigte er sich regelrecht und klatschte sich gegen den Hals.

Besorgt fragte Hoa: „Sie nehmen Ihre Tabletten gegen Malaria?"

„Seit Wochen schon, Clorochinin."

„Und geimpft sind Sie auch?"

„Gegen alles mögliche. Sogar mit dem teuren Zeug, das es wenig gab. Das ist gegen ..., Moment ..., gegen Phalensevagitis."

„Enzephalitis", sagte Ina erheitert.

„Na, meine ich ja. Jedenfalls ist es diese lateinische Krankheit."

„Ach, Klaus. Nicht die Krankheit ist lateinisch, das Wort."

„Ja? Noch besser. Vor Wörtern hab ich die wenigste Angst."

„Logisch." Der Lange mischte sich ein. „Dir fehlt der Zugang zur Muttersprache, das reinste Gestammel, wenn man dich hört."

Ging das wieder los. Max gähnte.

„Enzephalitis ist böse“, sagte Hoa. „Selten überlebt sie einer. Kopfschmerzen, Fieber – und aus. Wenn Sie geimpft sind, dann ist es gut.“

„Wie heißt das Trampeltier“, fragte Reischock, „von dem sie übertragen wird, Ringelsockenmücke? Keine Panik, bis jetzt sind nur welche mit Kniestrümpfen hier, grau in grau. Ich behalt das im Blick.“

Auf einer Lichtung hielten sie an. Hoa stieg aus, ging einige Schritte zur Seite und führte dort scheinbar ein Selbstgespräch.

Wenig später tat sich vor seinen Füßen die Erde auf, schulterbreit. Ein Offizier, die Hände im Gras, drückte sich hinauf in das Tageslicht. In Hoa begrüßte er sichtlich einen guten, alten Bekannten. Danach nickte er zum Bus her, er lächelte.

Trien hob die Arme und schloß mit den Händen eine Rundung. „Hundert Gänge unter der Erde, kaum größer als so, einmal tiefer, einmal höher gelegen, ein Labyrinth. Und kleine Räume, Küchen, Krankenstuben, etwas zum Schlafen. Wenn es sein muß, ist unser Land doppelt und dreifach so groß, verstehen Sie, in mehreren Schichten können wir es bewohnen. Am Ende ist Amerika kleiner, man weiß es nur nicht, weil für das hier noch die Landkarten fehlen – den Amerikanern, nicht uns.“

„Warum *muß* es hier sein?“ fragte Max. „Ich meine, unter der Erde zu leben?“

„Es sind die Helden von Thai Nguyen, sie beschützen das metallurgische Kombinat. Warte, Max, du wirst es gleich sehen.“

Zunächst aber wurde ihnen Frühstück serviert, aus der Tiefe der Erde und dieses Mal von Feen in Uniform. Bananenblätter ersetzten die Teller. In Scheiben geschnittener Preßreis lag darauf, Klebreis nannte ihn Ina, für jeden ein gekochtes Ei und außerdem eine Banane. Dazu einen Becher Ananassaft.

„Hören Sie bitte“, sagte Hoa, begleitet von jenem Offizier,

war er wieder zugestiegen, „das ist Oberstleutnant Tran Chien Thang. Er wird uns während der Durchfahrt das metallurgische Kombinat erklären."

Nach wenigen Minuten war es erreicht.

Die Helden von Thai Nguyen verteidigten nur noch Ruinen.

Nur noch? Sie verteidigten Steine. Eisenträger und Nägel. Sie verteidigten das, womit man immer wieder beginnt.

Bilder der Verwüstung, kilometerweit. Geborstene Wände, ausgebrannte Hallen, zerfetzte Anschlußgleise.

Nach vierjähriger Bauzeit, berichtete der Oberstleutnant, habe das Werk seit 1963 stufenweise die Produktion aufnehmen können. Es sei für einen vollen metallurgischen Zyklus ausgelegt gewesen.

„Hier, liebe Freunde aus der DDR", sagte er, „war damals kein Mittelalter mehr. Hier schlug schon das Herz des zwanzigsten Jahrhunderts, ein gesundes, kräftiges Herz."

Nach einer Weile, Tran Chien Thang hatte nichts mehr gesagt, fügte Trien von sich aus hinzu: „Es schlug für uns. Auf einmal war zwanzigstes Jahrhundert auch schon für uns, wirklich ganz wunderbar." Zärtlich betrachtete er die Trümmer. Geliebte Steine, geliebtes, rostendes Eisen: Ihr hattet zusammengehalten, als Einheit hattet ihr funktioniert.

„Ein Jahr lang dauerten die Angriffe", sagte der Oberstleutnant, „die Flugzeuge kamen bei Tag und bei Nacht. Sie kommen heute noch; Ruinen genügen unseren Feinden nicht, sie wollen Staub hinterlassen. Dann, hoffentlich, werden die dummen Vietnamesen begreifen, wie weit sie zurück sind und wie im Gegensatz dazu die USA in der Welt dastehen, eine Führungsmacht, industrialisiert auf allen Gebieten, hochentwickelt, modern. So erschließt man sich Sklavenmärkte, erhält man sich Kolonien, ganz unabhängig davon, wie das heute bezeichnet wird, von alters her ist das so."

„Mein Gott, diese Bitterkeit!" Ina drückte sich die Faust

gegen die Zähne. „Ich kann bald nicht mehr, ich heule gleich los.“

„Hör trotzdem nicht weg.“ Auch Max war aufgewühlt, seine Stimme klang belegt. „Am Ende wird es uns härter machen. Wir müssen hart werden, weißt du, so hart wie …“

„Nein, Max, nicht zu hart. Bitte, sag das nicht mehr, auf gar keinen Fall zu hart. Die Vietnamesen lieben ja auch noch, versteinern sie etwa? Und sie hätten viel mehr Gründe als du.“

„Aber“, sagte der Oberstleutnant und lächelte, „nicht nur Bomben sind hier ein Jahr lang gefallen. Wir haben ihnen auch widerstanden, gleichfalls ein Jahr lang. Die Hochöfen gingen nicht aus. Manchmal war ringsum nur Feuersbrunst, die Hölle war los, aber die Hochöfen hielten wir. Die Flugzeuge hatten es schwer gegen uns, ihre Piloten erhielten hier manche Lektion.“

Tam drehte sich um, er war sehr blaß und sagte froh: „Federn total gerüpft.“

Tran Chien Thang war nicht nur Offizier, auch Ingenieur war er und hatte damals an den Hochöfen gearbeitet. Doch das zu erzählen, war er viel zu bescheiden; Hoa verriet es ihnen. Voller Ehrfurcht sagte er: „Bis zuletzt wurden die Hochöfen nicht gelöscht. Erst unter Volltreffern gingen sie aus.“

Die Helden von Thai Nguyen. *Sie* waren das Herz des zwanzigsten Jahrhunderts, Raketen und Bomben hatten es weit verfehlt.

Sie verteidigten Steine – jetzt. Eisenträger und Nägel. Sie verteidigten das, womit man immer wieder beginnt.

Bevor Oberstleutnant Tran Chien Thang den Bus wieder verließ, bedankte er sich für die Hilfe „des großen und tapferen Volkes der DDR“.

Max dachte einen Filmtitel, er hatte den Film nie gesehen, aber den Titel dachte er nun: „Schrei, wenn du kannst“.

Wo sie jetzt hielten, war noch zu sehen: Hier hatten

Häuser gestanden, eine Wohnsiedlung der Arbeiter des Kombinats. Geblieben waren rußige Mauern und verkohlte Bäume. Zwei zerdrückte Speichenräder, vielleicht die eines Kinderwagens, lagen auch noch herum.

Der Oberstleutnant ging in die Hocke, scharrte etwas Laub beiseite, hob einen schmalen, länglichen Deckel aus und kehrte nun unter die Erde zurück.

Die Gegend, schien es, war menschenleer.

Wo lagen die Nester der Flak versteckt? Sosehr sich Max auch bemühte, sie blieben ihm verborgen. Das beruhigte ungemein.

Viel später, sie hatten den Dschungel wieder verlassen, sagte Hoa: „Der Weg über Thai Nguyen war ein Umweg. Sie fragen gar nicht, warum?“

„Ich kann es mir denken“, sagte Reischock.

„Und was, bitte?“

„Wir werden Material von dort holen, Ersatzteile.“

„Ja? Vielleicht wird man sie nicht hergeben wollen?“

„Weshalb denn nicht?“

„Nun, eines Tages ...“ Hoa legte die offenen Hände aneinander und hob sich etwas Unsichtbares vor Augen.

„Ernsthaft?“ Reischock blickte verstört. „Mein lieber Mann, das wieder aufzubauen...“

„Eines Tages. Es wird noch viele Tage geben, glauben Sie nicht?“

„Doch, schon ...“ Überzeugt war er kaum.

„Darf ich?“ In der ihm eigenen Weise meldete sich Tilling wie in der Schule. „Unsere Baustelle, nicht wahr, liegt in den Bergen?“

„In einem Tal, aber umgeben von Bergen“, sagte Trien.

„Aha. Und das Gebiet ist schwer zugänglich, jeder Transport macht doppelte Mühe? Wir werden fluchen, so ein Schwachsinn und so weiter?“

„Worauf willst du hinaus?“ fragte der Lange skeptisch.

„Laß ihn mal“, sagte Reischock aufmerksam, „da ist was dran.“

„Ja", sagte Trien, „Genosse Tilling ist sehr begabt."

Der Alleskönner errötete. „Wieso denn. Im Grunde genommen, liegt's auf der Hand – Thai Nguyen hatte zuwenig natürlichen Schutz. Ein bißchen, will ich mal sagen, wie auf dem Tablett für die Amis, so was krallen die sich. Bevor wir meckern und die große Lippe riskier'n, sollten wir sehen."

Trien hatte wohl wörtlich übersetzt, denn Hoa, dieser stille Mensch, lachte jetzt laut.

„War was falsch?" Sofort wirkte Tilling verschüchtert.

„Herrlich war es, wirklich ganz wunderbar." Triens Augen funkelten, er prustete los. „So diplomatisch und rücksichtsvoll."

Sein Lachen steckte an, und auf einmal wieherten sie alle. Etwas löste sich in ihnen, es wollte heraus, und sie beruhigten sich minutenlang nicht. Schließlich übertrug sich der Frohsinn auch auf den Fahrer, er pfiff, und wieder einmal begeisterte er mit einer Einlage Moto-Cross.

Nur Klaus Tilling saß leidend da. Würdevoll litt er, mannhaft. Nicht einmal den Vogel zeigte er ihnen.

Inzwischen war es neun Uhr geworden. Längst heizte die Sonne das Busdach auf, und die Luft darunter roch schon versengt. Jetzt war der Durchzug nur angenehm.

Seit einer Weile fuhren sie stetig bergan. Der Motor jaulte förmlich, und die Karosse zitterte. So erinnerte der Bus an ein großes Tier, das sich weidwund geschossen zu einer letzten Anstrengung aufrafft, bevor es Staub hochschlagend zusammenbricht. Und richtig: Zwar blieb der Bus auf den Rädern, doch die weitere Steigung nahm er jetzt nicht mehr. Zunächst manövrierte der Fahrer, er legte den Rückwärtsgang ein, kam danach wieder vorwärts, immer nur einige Meter weit, und endlich gab er es auf.

„Schieben wir ein wenig?" fragte Trien. Die Situation war ihm peinlich, als hätte er selbst versagt. „Die Luft ist etwas dünn, es ist schon zu heiß."

Ina wollte mit hinaus. Heftig schüttelte der Fahrer den

Kopf, verließ seinen Platz und stellte sich ihr in den Weg. Sie schob ihn beiseite und drohte ihm mit dem Finger. „Noch schöner. Haltet ihre eure Frauen denn auf?“

Hoa zog sie am Handgelenk. „Nu, dawai“, sagte er.

Nun keuchten sie, gerieten in Schweiß, husteten im Auspuffqualm, und doch war das Schieben eine willkommene Abwechslung, sie hatten eher Freude daran.

Nach sechzig, allenfalls siebzig Metern war der Grat der Steigung erreicht, und auf abschüssiger Strecke kamen sie wieder zügig voran. Sie atmeten schwer. Max war erstaunt, wie rasch seine Kräfte nachgelassen hatten. Ach was, sagte er sich, wir müssen uns nur an das Klima gewöhnen. Das gibst's ja gar nicht, zehn Minuten arbeiten und danach schon ausgepumpt sein. Die Zeitumstellung macht uns zu schaffen, neun Stunden Unterschied zu Berlin, das steckt man nicht ohne weiteres weg.

Seine Unruhe blieb.

Links und rechts der Straße erstreckten sich hier Kautschukplantagen. Kautschukwälder. In schnurgeraden Reihen standen die Bäume, angezapft schon. Der Rohgummi wurde in an den Stämmen befestigten Schalen aufgefangen. Von Nadelbäumen zu Hause gewann man in ähnlicher Weise Harz.

Wie fruchtbar Vietnam war. Er dachte: Wahrscheinlich gibt es nichts, was hier nicht wächst, ideale Bedingungen, sogar für mehrere Ernten im Jahr. Sie brauchen nur Zeit und Frieden, sie werden sich Wohlstand erwirtschaften, den Reichtum haben sie vor der Tür.

„Die Amerikaner“, fragte er dann, „versprühen doch Gift über Wäldern. Diese sogenannte Entlaubung. Hier auch?“

„Hauptsächlich in Mittel- und Südvietnam“, sagte Trien, „nicht so sehr weit hinter der Front. Flugzeuge, die Chemikalien versprühen, sind etwas schwerfällig, das vergrößert ihr Risiko. Ich meine, sie fürchten unsere Abfangjäger, die MiG ist sehr schnell.“

Tam war dem Gespräch gefolgt. Jetzt sagte er: „Ganz

nackte Bäume, kein Blatt. Ganz nackte Erde, gelb. Wie ewige Dürre, wie alles verbrennt von der Sonne. Und überhaupt keine Käfer, überhaupt keine!"

Zweifellos hatte er diese Bilder gesehen, sogar die Erinnerung an sie entsetzte ihn noch.

„Warum tun sie das?" fragte Max. „Es ist so sinnlos. Haben sie denn etwas davon?"

„Ja, sie haben", sagte Trien. „Sie haben freie Sicht auf alles, was sich auf der Erde bewegt. Sie brauchen nur daraufzuhalten, tack-tack-tack, die Menschen werfen die Arme hoch, drehen sich, stürzen, vielleicht sieht das lustig aus von dort oben, ein Spiel mit richtigen Toten, ein unterhaltsamer Sport."

Wieder dieser bittere Ton. Aber jetzt erst gewahrte Max, daß Triens Hände dabei zitterten. So leise sind sie hier, so beherrscht, dachte er, sogar im Haß. Er schwieg.

Zwei Armeeangehörige auf einem Motorrad überholten den Bus. Der auf dem Sozius forderte energisch zum Halten auf. Nach einem kurzen Wortwechsel mit dem Fahrer lenkte der sein Vehikel zwischen die Kautschukbäume.

„Luftwarnung", sagte Trien. „Bitte, steigen Sie aus. Ich denke, es wird Ihnen nichts geschehen."

Das Blätterdach der Bäume war ziemlich dicht. Gelegentliche Fenster zum Himmel beschädigten die Tarnung kaum. Sonderlich aufgeregt zeigte sich niemand, das Vorbild der Vietnamesen – sie hatten jetzt ihre Gewehre geschultert und rauchten – bewirkte das wohl.

Die Maschinen flogen so hoch, daß sie gerade noch auszumachen waren. Max zählte neun, aber das besagte nicht viel, sein Sichtfeld war eingeengt.

„Die interessieren wir nicht", sagte der Lange, „die lockt ein fetterer Brocken." Fragend musterte er Trien.

Der gab keine Antwort. Er verfolgte den Zeiger seiner Armbanduhr. Rechnete er Zeit in Entfernung um? Die Minuten vergingen, doch von nirgendwoher waren Detonationen zu hören, auch nicht das leiseste Grollen. Er sagte: „Das verstehe ich nicht."

Die Flugzeuge blieben verschollen. Falls sie sich schon auf dem Rückflug befanden, nahmen sie jetzt einen anderen Kurs.

Bis eben hatte Hoa mit den Motorradfahrern gesprochen, er wirkte besorgt. Wie beiläufig, ohne Max anzusehen, fragte er nun auf russisch: „Wird die Frau laufen können?" Nicht deine Frau, die.

„Sie wird", sagte Max, obwohl er mit der Frage wenig anzufangen wußte.

Hoa nickte. Dann wandte er sich an Trien.

Der sagte: „Sie fühlen sich gut, Genossen? Von hier aus setzen wir den Weg zu Fuß fort. Das ist etwas früher als geplant, doch nicht weiter schlimm. Nur das Notwendigste nehmen Sie mit, Ihre Koffer lassen Sie bitte im Bus. Er wird einen weiten Umweg fahren, eine Brücke ist zerstört, viel freies Gelände, wir wollen lieber vorsichtig sein. Möchten Sie etwas wissen?"

„Ja", sagte Tilling. „Wenn er wieder steckenbleibt, wer wird ihn dann schieben?"

Trien war beeindruckt. „Sie denken an unsere Aufgabe, Genosse Tilling, nicht an sich selbst. Und Sie denken voraus – das zu spüren ist angenehm." Er schmunzelte. „Aber es werden sich Helfer finden. Manchmal glaubt man, die Gegend ist menschenleer, man hat eine Panne, und plötzlich ist man von Leuten umgeben. Woher sind sie gekommen, wer hat sie geschickt? Ein Geheimnis, aber sie haben alles bcobachtet, man geht nicht verloren in unserem Land. Auch jetzt weiß man, wo wir zu suchen wären, man weiß es bestimmt." Lebhaft hatte er das gesagt, beinahe schwärmerisch.

Land der Millionen verborgenen Augen, dachte Max, ich weiß nicht, ergibt das ein ausschließlich gutes Gefühl? Oder war das ein Hinweis an uns, eine versteckte Warnung: Keine Extratouren, wir werden ständig im Bilde sein über euer Lassen und Tun?

Wenn ja, dann warum? Sie waren als Verbündete hier.

Manchmal gab ihm Trien Rätsel auf. Sein Deutsch war perfekt, überhaupt war er ungewöhnlich klug, schien aber angestrengter als die anderen Vietnamesen seine Gefühle unterdrücken zu müssen, und immer war er gut informiert.

Einer hinter dem anderen marschierten sie nun unter den Kautschukbäumen entlang. Fliegenschwärme begleiteten sie. Nach knapp zwanzig Minuten erreichten sie einen Fluß.

„Leider gibt es hier keine Brücke", sagte Trien. „Sie sind schon mit einem Floß gefahren?"

Nein, niemand. Nicht einmal der Lange. Doch gesehen hatten sie alle schon eins: ausladend und stabil. Reischock sagte: „Picknick auf dem Wasser hab ich mir seit langem gewünscht."

Gleich darauf guckte er „dumm aus der Wäsche", wie es der Lange nannte. Das Floß hier am Ufer war aus Bambusstangen gefertigt, etwa einen Meter breit war es und zehn Meter lang. Ungefähr in Brusthöhe war eine Liane über das Wasser gespannt.

Ina nagte an den Fingernägeln, das tat sie sonst nie. Wortlos hob ihr Max den Lederriemen ihres Medizinkoffers von der Schulter. Sie ließ es geschehen. Kleinlaut sagte sie: „Es ist nichts ..., ich kann ja schwimmen."

„Keine Befurchtnis", sagte Tam, und sein verständnisvolles Lächeln berührte. „Kinder und Frauen zuerst! Ay, Ay, Sir!" Wo er das nun wieder herhatte. Behutsam nahm er Ina beim Arm und führte sie hinab auf das Floß.

Gleich hockte sie sich hin und suchte Halt an den Stangen. Max stellte sich hinter sie und balancierte zunächst mit den Armen, griente zwar, aber geheuer war ihm der Vorgang nicht. Der vietnamesische Flößer, ein vielleicht sechzehnjähriger Bursche, bekleidet lediglich mit einer ausgeblichenen Turnhose, stand gelassen am „Bug" seines imposanten, den Passagieren im Augenblick jedoch wenig imponierenden Gefährts. Er würde zweimal übersetzen müssen, sie waren zu viele. Nun griff er nach der Liane, wie Seilziehen sah das aus, und überraschend sanft schwenkte das Floß zur Flußmitte ein. Dort allerdings nahm die Strömung zu, und der hintere Teil trieb zur Seite weg. Darauf stand von Beyer. Er krakeelte: „Eh, ihr da vorn, hängt mich nicht ab!" Der Stimmlage nach war er mit seinem Lebensgefühl mächtig „auf Deck". Gut möglich, daß sich in einem Brief an Klößchen Hilde der Fluß zum gewaltigen Strom verbreitern würde, gigantischer als der Amazonas, den er, der Lange, auf Treibgut, einem einzigen Balken, bezwungen hatte. Und Hilde wäre dann glücklich und außer sich vor Bedauern: Niemand hatte ihn dabei gefilmt, ein Renner im Kino könnte das sein, anders als manche DEFA-Filmchen, in denen man höchstens die Spree herunterschipperte und dramatischerweise Schnupfen vom Nieselregen bekam.

Überhaupt, dachte Max, ob sich zu Hause einer ausmalen kann, was wir jetzt machen und wie es aussieht rings um uns her? So richtig wohl nicht, auch besser so. Die kleine Frau wird ohnedies schlaflose Nächte haben. Was für ein Mensch, Angst kennt sie eigentlich nur, wenn es um andere geht. Dann aber läßt sie sich hetzen von ihrer Angst, dann gerät sie in Atemnot. Zum Glück hat sie Alfred. Ich wette, er sagt rigoros: Da passiert gar nichts, wenn's hart kommt, holen sie sich einen Sonnenbrand, du lieber Himmel, wer hatte den noch nicht. Für Alfred ist es bindend, daß ich alle gesund zurückbringen werde. Abstriche daran macht er nicht einmal vor sich selbst, er duldet sie nicht. Und Herbert? Der denkt sich Geschichten zusammen, unwahrscheinliche Heldentaten. Old Max holt Bomberverbände vom Himmel, gemeinsam mit Tilling macht er eine Erfindung, eine Kreuzung aus Kompaß und Taschenuhr, die stört deren Radar, und blind geworden rasen sie gegen die Felsen, wo's aufblitzt und kracht. Feuerspeiende Drachen, sagt Herbert zu Grit, die wenigstens wirst du dir vorstellen können, ein bißchen doof wär erträglich, aber nicht zu doof. Wie feuerspeiende Drachen sehen jetzt die Felswände aus. Es ist nämlich Nacht. Grit pustet erschauernd. Und Old Max ist der Prinz, fragt sie, der den Drachen die Köpfe abhaut? Quatsch! Herbert rauft sich die Haare. Die Drachen sind Klasse in diesem Fall, sie vernichten die Amis.

Max schüttelte über sich selbst den Kopf. Unglaublich, in welchen Situationen er zum Phantasieren neigte. Um schon Sehnsucht nach Hause zu haben, war es eigentlich etwas früh.

Die Floßfahrt verlief ohne Zwischenfall. Sie legten am anderen Ufer an und hatten nicht einmal nasse Schuhe. Auch die „Landung" der zweiten Abteilung erfolgte nun ohne Verluste, sie lobten den Flößer und dankten ihm, Ina verlangte ihren Medizinkoffer zurück, guckte böse, als Max ihn ihr probehalber verweigern wollte, und sie setzten sich wieder in Marsch.

Einzelne Pfahlbauten, errichtet für Großfamilien, tauchten bisweilen hinter den mannshohen Gräsern auf. Im Schatten zwischen den Pfählen, gewissermaßen als *Untermieter* des Hauses, lagerten Schweine und – ihnen gut Freund – der schon obligatorisch zu nennende gelbe Hund. Rauflustig waren die Köter nicht, sie ließen die Fremden ziehen, gelangweilt fast, und kläfften ihnen nie hinterher.

Kein Wunder, dachte Max, sie sehen etwas stumpfsinnig aus, sind mehr Tölen als Hunde, irgendwie zurückgeblieben in der Entwicklung. Merkwürdig, daß so viele Leute hier Hunde haben, die fressen doch einiges weg. Er fragte Tam.

Verlegen sagte der: „Nur Abfall. Manchmal von Menschen."

„Wie ..., was von Menschen?"

„Abfall." Er schüttelte sich. „Nicht sagen so was, kein guter Geschmäck."

Gelbe Hunde, ausgerechnet gelbe; Teufel, war das unangenehm.

O Gott, diese Sonne! Die machte sich ganz schön unbeliebt, das reinste Folterinstrument. Bei jedem Schritt klebte die Hose auf den Oberschenkeln fest. Das graublaue Hemd seines Vordermannes war auf dem Rücken längst schwarz.

Einmal, unter einem Baum mit mächtiger Krone, besetzt wohl von Hunderttausenden Zikaden, war es dermaßen laut, zirpten die Insekten so schrill, daß es ihnen unheimlich wurde.

Ina raunte: „Seid still. Die kriegen es fertig und fressen uns auf."

Zu sehen war keins der Tiere. Aber Max dachte sie sich wie Riesenameisen. Oder wie Heuschrecken. Wenn die herfallen über dich, bleiben nur bleiche Knochen, da sind die ganz fix.

Als ihnen abermals Dschungel entgegenstand, versprach er sich Kühle und atmete auf. Entweder die Umstände halfen Ina, oder ihr war nicht zu helfen. Ein herrliches Weib, zum Wahnsinnigwerden. Groß geworden in der Berliner Linienstraße, Nähe Alexanderplatz. Blaublütig, die Arbeiter dort: fast alle mit Ahnentafel. Geheult wird nicht über Mühen und Plagen, genehmigt ist höchstens die Träne im Knopfloch, und auch das nur unter der roten Nelke, also am Ersten Mai. Logisch, so'n Knopfloch ist nur im Jackett, wer trägt das schon jeden Tag.

Es wurde nicht kühler im Dschungel, im Gegenteil, die Backofenluft war jetzt abgestanden, modrig roch sie, betäubte, vor allem fehlte ihr Sauerstoff.

Unsinn, dachte er, gerade Pflanzen erzeugen ihn. Na und, dachte er, wer weiß, wohin er verscherbelt wird. Ein bißchen nach hier, ein bißchen nach dort, schön dumm wär der Dschungel, sich auszuschließen von den Geschäften, wo im Lande der Kleinhandel blüht. Soll niemand behaupten, die Pflanzen hätten keinen Verstand.

Max ging wie im Fieber. Er wußte es. Hauptsache, die Füße knicken nicht weg, Ina hinkt schon, wann wir wohl endlich Pause machen, der verdammte Durst ist das schlimmste, das Bier in der Botschaft war einsame Spitze, Vorsicht, Bier jetzt würde mörderisch sein, ungesüßter Tee täte es auch, kalt wäre gut, was denn noch, vielleicht sogar mit Eiswürfeln drin, biete Sonne gegen Kühlschrank, dämliche Spinnennetze, ekelhaft beschmiert fühlt man sich, die kleben nicht nur auf der Haut, die beschmieren sie. Wenn Ina schlappmacht, trage ich sie, aber sie beißt, wenn sie wütend wird.

An seinem Leinengürtel, durchaus keinem Koppel, hatte Tam drei Feldflaschen nebeneinander befestigt. Dazu ein Buschmesser und Munition. Sein Automatgewehr – wenn Max sich nicht täuschte, war es amerikanischer Herkunft – wog mindestens fünfzehn Pfund. Unverwüstlicher kleiner Mann. Das war Zähigkeit, das war Ausdauer. Diesen Menschen um Tee zu bitten, bevor er selbst nach der Feldflasche langte, war einfach nicht möglich. Vorwärts – ein Lied von Brecht/Eisler –, vorwärts und nicht vergessen, worin unsre Stärke besteht ...

Der Lange schnaufte. Er war der Älteste unter ihnen, der Schwerste und der Älteste. Sein „Fünfzigster" nahte. Die Mitte des Lebens, die Hälfte, so rechnete er. Deshalb ließ er sich ein auf „so Sachen"; weitere fünfzig Jahre wollten ausgefüllt werden, Hilde allein genügte da nicht. Elende Großschnauze, prächtige! Hoffentlich wurden Kerle wie er immer wieder geboren, hoffentlich starben sie niemals aus. Klar überschätzte er sich, sein Schnaufen jetzt erklärte genug. Na und, was sein Alter nicht hergab, ersetzte sein Wille noch allemal. Schlimmstenfalls verging ihm die Lust, an Tilling herumzunörgeln.

Wat den eenen sin Uhl, dat is den annern sin Nachtigall: Gelegentliche Schonzeiten für Klaus richteten ihn moralisch neu auf. Ihn ergründen, ihm in den Gehirnkasten sehen ... Entweder herrscht dort Chaos, das hieße, er ist ein Genie, oder es fliegt nur Staub, Wüste darunter, ab und zu eine Distel, die aber blüht sehr schön. Und dann auch: Wie er sich hier mit Genosse anreden läßt, er denkt gar nicht dran, zu widersprechen, das geht ihm runter wie Öl. Alte Pflaume. Holla, nichts gegen Pflaumen, Kernobst, kerniges Obst, du beißt hinein, und der Saft läuft dir am Kinn herunter, Essen und Trinken auf einmal, da kannst du verzichten auf Bier oder Tee.

Trien bahnte den Weg mit einer Machete. Zwar war dies ein ausgetretener Pfad, doch manchen Pflanzen genügten wohl Tage zum Wuchern und Ranken, und sie schnitten den Weg wieder ab. Er tat diese Arbeit, als könnten die Arme ihm nie erlahmen, er fuhrwerkte, kein anderes Wort war so treffend dafür.

Vielleicht war auch das Krieg.

Irgendwo in der Reihe verkündete Reischock: „Immer lustig, wohlgemut ..." Zu wetten blieb: mit verzerrtem Gesicht.

Mit dir ist es komplizierter, Reischock, dachte Max, wer bist du, wie bist du, im „Blauen Wunder" warst du für uns bis zuletzt der Chefingenieur. Stimmt schon, ihr habt gemeinsam einen Orden gefaßt, ganz was Hohes, Tilling, der Lange und du. Aber hinterher gingst du erneut auf Distanz. In der DDR, erzähl, was du willst, waren wir nicht die Partner für dich. Was, ich doch, ich immerhin ...? Mann, hör auf, das war doch so 'n Schulterklopfen. Vom Ingenieur für den Meister, alte Schule, mir war manchmal so, dir zu sagen, nimm bloß deine Pfoten weg. Einverstanden, du hast was drauf. Und Willmann vertraut dir. Willmann ist eine sichere Bank. Andererseits: Irren ist menschlich. Und Mensch ist Willmann, manchmal vielleicht zu sehr. Jedenfalls war es schuftig von ihm, dich mir als Blindgänger mitzugeben, als Katze im Sack. Beschnuppert euch, sagt er, Ausgewichste finden sich immer, gleich und gleich gesellt sich gern. Wo wir beide gleich sein mögen? Ja, ja, ich weiß: ... wenn der Arsch im Grabe ruht. Immer lustig, wohlgemut. Entschuldige, Holger: Seit dem Flughafen Schönefeld bist du eindeutig Kumpel. Nicht nur als Berufsbezeichnung, als Mensch, meine ich, einwandfrei. Sachte jetzt, ich trau es dir rundweg als Taktik zu, du bist mir so 'n Schlauer. Unfug, ich bin nicht bei Troste. Dein Geld verdienst du zu Hause leichter. Also willst du etwas mit uns in Vietnam – was führt dich, was treibt dich? Schurke, du, paß auf, ich komm dir noch auf die Schliche. Und das sollst du wissen: Hier geht gar nichts ohne Partei, auch nicht für den cleveren Fachmann, da wirst du schön fragen, jedesmal fragen, sonst schick ich dich übermorgen nach Hause – mit mir hat das nicht die Bohne zu tun.

Ein Wort aus dem Dschungel: wie ein Kommando.

Trien, die Machete hatte er eben erhoben, erstarrte. Dann sagte er etwas zurück.

Es raschelte, und ein Mann tauchte auf: mit Armbrust und Pfeil. Er blickte finster. Barfuß stand er da, nur mit langen Hosen bekleidet. Seine Haut war schon welk, und sein Haar war grau, und sein Brustkorb war schmal und knochig wie der eines unterernährten Knaben.

Hoa trat vor; was er sagte, klang ungehalten.

Der seltsame Krieger schüttelte den Kopf. Dann pfiff er auf zwei Fingern.

Plötzlich waren sie umstellt. Annähernd zwanzig Männer, bewaffnet wie ihr Anführer, nur wesentlich jünger als er, erhoben sich aus dem Unterholz, traten hinter Bäumen hervor und lösten sich aus dichtem Gebüsch. Sie alle hatten einen Pfeil aufgelegt.

Max lächelte krampfhaft. Jetzt kein feindseliges Gesicht machen, dachte er, keine falsche Bewegung. Die werden nicht zögern, die tun, was der Alte von ihnen verlangt. Die können es beinahe geräuschlos, nicht einmal die Papageien würden verstummen, die kriegten es gar nicht mit.

Auch Hoa lächelte nun. Voller Respekt antwortete er auf Fragen des Alten, und schließlich händigte er ihm Papiere aus.

„Was ist denn los?“ flüsterte Max.

„Ich versteh nicht.“ Tam flüsterte ebenfalls. „Das sind eine nationale Kleinigkeit.“

„Eine nationale Minderheit?“

„Ja, davon. Ich versteh nicht die Sprache.“

„Aber Hoa?“

„Ja, Genosse Hoa spricht viele Sprachen. Ich müß überlegen, welche.“

„Nicht nötig.“ Gewiß war es Galgenhumor, aber Max mußte grienen. „Hauptsache, er spricht die richtigen – wie jetzt.“

Der Alte hatte indessen die Papiere studiert: vor allem zwischen den Fingern und mit der Nase. Er gab sie zurück, und nun erst reichte er Hoa zur Begrüßung die Hand. Dann winkte er seinem Gefolge, und Sekunden später war von den Kriegern nichts mehr zu sehen, der Dschungel hatte sie wieder geschluckt. Ihr Anführer aber redete noch eine Weile auf Hoa ein, er gestikulierte, umschrieb mit weit ausholenden Armbewegungen ein vermutlich größeres Gebiet und wies mehrmals auf Ina und Tilling, den Langen, Reischock und Max. Daß sie unbewaffnet waren, schien ihm nicht zu behagen, mehr noch, er mißbilligte es.

Von Hoa zuvor informiert, sagte nun Trien: „Hören Sie bitte. Dieser ehrwürdige Genosse hier berichtet, daß vor drei Stunden Fallschirmspringer in dieser Gegend gelandet sind. Die Flugzeuge – Sie erinnern sich? Wahrscheinlich Soldaten aus Südvietnam, Marionetten der Amerikaner. Es ist möglich, daß sie zivil gekleidet sind, nicht anders als unsere Bauern, und manchmal tragen sie auch die Uniform unserer Volksarmee. Sie verstehen, Diversions- und Sabotageakte sind ihr Programm. Gefährliche Leute sind das, gut ausgebildet und rücksichtslos, eben Banditen. Wir werden uns auf dem Weitermarsch also leiser verhalten müssen, noch disziplinierter. Doch haben Sie bitte Vertrauen zu uns, wir sichern Sie militärisch ab. Auch ist dieser ehrwürdige Genosse hier bereit, einigen seiner Kämpfer Befehle zu erteilen, die uns sehr nützlich sein werden.“ Er verbeugte sich in Richtung des Alten, der erwiderte die Verbeugung, lächelte erstmals allen zu, und rückwärts gehend, sich weiterhin verbeugend, verlor er sich im üppigen Grün.

„Prachtkerle“, sagte Hoa auf russisch. „Machen wir eine Pause, Max?“ Die Vertreter der Minderheit hatten ihn merklich froh gestimmt, der üblen Nachricht zum Trotz.

Tam hakte die Feldflaschen mit Tee aus dem Gürtel. Trien zauberte aus einem Beutel Klebreis herbei, dazu etwas Grünes, eine Köstlichkeit, sagte er, ein steif gewordener Brei aus grünen Bohnen – der Hunger trieb's rein.

Sie kauten gemächlich, gedankenverloren. Ina war erschreckend blaß.

„Woran denkst du?“ fragte Max zärtlich. Und er ahnte zugleich, sie dachte: Hätt ich das alles vorher gewußt …

„Ich denke“, sagte sie und nahm seinen Daumen und biß hinein, „daß ich, Gott sei Dank bei dir bin. Entsetzlich, sich vorzustellen, du wärst hier allein.“

Grüne Bohnen mit Klebreis, von der eigenen Portion, schob er ihr dafür in den Mund.

„Das gibt's nicht“, murmelte der Lange, „ehrlich, das gibt's nicht.“

„Nö“, sagte Tilling, „das darfst du keinem erzählen.“

Und Reischock sagte: „Der Eingeborene im ‚Robinson Crusoe‘ – Freitag hieß er, wenn ich nicht irre –, war der eigentlich Kannibale?“

„Eben“, sagte der Lange, „auf dem Trittbrett bin ich auch abgefahren, zuerst.“

„Sagt mal“, fragte Max und lachte, „wovon redet ihr eigentlich?“

„Na, hör mal“, sagte der Lange, „war das eine unheimliche Begegnung, ja oder nein? Mit seinem Hänschen-klein-Wissen sieht man sich gleich am Marterpfahl. Und was stellt sich heraus – es sind Genossen. Mit Pfeil und Bogen, aber Genossen. Junge, das ist doch …, der Entwicklung werden Beine gemacht. Hier dreht sich was schneller, Auftrieb für die Erde …, das war in meinem Schädel nicht drin.“

„Und das komische ist“, sagte Tilling, „bei denen wirkt die

Armbrust überhaupt nicht lächerlich. Wenn ich jetzt als Fallschirmspringer hier wär, als Feind, mein lieber Freund, mir ginge die Muffe."

„Frag mal, wem noch." Reischock streckte sich. „Allmählich dämmert mir was – David gegen Goliath, so richtig hab ich es nie akzeptiert. Jetzt weiß ich, warum – ich dachte immer, der Schwache gegen den Starken, und das ist ein Rechenfehler, das ist der größte Quatsch. Weil groß nicht gleich stark ist, der eine marschiert gepanzert, der andere läuft barfuß. Wer verletzlicher ist, hängt da sehr von den Umständen ab."

Interessiert war Trien dem Gespräch gefolgt. Nun wandte er sich an Max: „Du bist anderer Auffassung?"

„Wie kommst du darauf?"

„Du schweigst ..."

„Nein, nein, im großen und ganzen dürfte es stimmen."

„Aber?"

„Also gut: Der Gepanzerte – sobald er der Eindringling ist – hat freiere Hand. Womöglich macht ihn das überlegen, je nachdem, ob er noch Skrupel kennt oder nicht."

„So?" Abweisend klang das, kühl. „Entschuldige, Max, aber ich an deiner Stelle würde diese Theorie nicht verbreiten."

„Theorie. Welche Theorie denn? Ein vager Gedanke ist das."

„Trotzdem", sagte Trien.

„Ich bitte dich!" Das Benehmen des Dolmetschers war Max unverständlich. „Es ist doch wohl ein Unterschied, ob einer seine Heimat verteidigt, in der er morgen und übermorgen noch leben will, in der seine Kinder dann leben sollen, die er also bewohnbar erhalten muß, oder ob einer einzig auf Sieg setzt, verbrannte Erde, Mondlandschaft, was kümmert's ihn. Er hat sein Zuhause zehntausend Kilometer entfernt von hier, Jasmin und Rosen im Garten und an der Pforte ein Messingschildchen: Betteln und Hausieren verboten. Das meine ich mit freierer Hand."

„Nie wird er überlegen sein, nie", sagte Trien. „Das ist schlechte Propaganda." Seine Hände zitterten wieder.

Hatte er überhaupt zugehört?

Sanft fragte Hoa auf russisch: „Ihr streitet euch?"

„Ach wo", sagte Max, „höchstens ein Mißverständnis ..." Er wiederholte für Hoa den Dialog.

Der drückte seine Zigarette am Boden aus, grübelte eine Weile, nickte ermunternd Trien zu und sagte in ihrer gemeinsamen Muttersprache: „Der Begriff Überlegenheit ist für das, worum es uns geht, vielleicht nicht sehr glücklich gewählt." Er belehrte nicht, er stellte zur Diskussion. „Sollten wir nicht eher von Verkommenheit sprechen, von gnadenlosem Zynismus? Darin, in der Tat, liegt eine große Gefahr für uns. Aber ich denke, sie werden zurückschrecken vor dem Letzten, ich hoffe es. Denn diese tiefste Verkommenheit würde – sie müßte es zwangsläufig – vor das Tribunal der Völker führen. Dies im Unterschied zu wahrer Überlegenheit. Wer überlegen ist, der könnte folglich nicht angeklagt werden. Ich sehe, lieber Freund Max, du teilst meine Ansicht darüber. Wir müssen Vertrauen haben, die Erde ist nicht mehr so wie vor fünfzig oder hundert Jahren, die Menschheit weiß voneinander, sie hat ein Gewissen. Die moralische Solidarität der Völker ist für Kämpfer, die barfuß gehen, am Ende auch eine Panzerung? Die modernste, weil unsichtbar – wer sie trägt und besitzt, ob der nicht der Überlegene ist?"

Trien war wieder fähig zu lächeln. Im Wort hatte ihm Hoa beigepflichtet, in der Sache weit weniger. Naiv zu glauben, er hätte das nicht mitbekommen. Demnach war die unbeschädigte Losung, seine Losung gegen den Feind – *nie wird er überlegen sein, nie* –, das Wichtigste für ihn. Zweitrangig, wie Hoa differenzierte, wie er interpretierte, Hauptsache, der Losung blieb ihre Kraft. Fahne sollte sie sein, Fanfare. Nicht fragen, nicht zweifeln, der Fahne folgen, alles hört auf ein Signal!

Eine Irrlehre? dachte Max. Nein, unter den konkreten

Bedingungen ihres Kampfes beharrt er vermutlich zu Recht darauf. Bestimmt tut er es zu Recht. Zu fragen, ob es sich um ein Dogma handele, wäre in diesem Land ebenso überheblich wie unpraktisch. Über Menschlichkeit reden ist eins, um Menschlichkeit ringen in Not und Angst und Verzweiflung, sie dann trotzdem erzwingen müssen, ist etwas ganz anderes. Hat denn ein Janusz Korczak den jüdischen Waisenkindern gesagt: Unser Ausflug wird in der Gaskammer enden? O nein, er sagte, wir fahren ins Grüne, seid fröhlich, es ist ein so schöner Tag. Den Kindern leuchtete Hoffnung, weniger qualvoll verlief der Transport. Dabei hatten sie nicht die geringste Chance. Das ist hier anders, die Vietnamesen wehren sich, sie können sich wehren, vielleicht haben sie sonst nicht viel, aber Chancen haben sie große. Ohne Garantieerklärung, das ist klar, aber wo gibt es die für Chancen, wo gab es die je? Wenn es keine Lüge war, was Korczak zu den Kindern sagte, sondern Lebenshilfe für Stunden, so ist Triens Losung das Werkzeug, die Brechstange zum Ausbruch aus den Todeswaggons. Und sie ist der Wegweiser zum Überleben.

Verzeih mir, Trien – nie wird der Feind überlegen sein, nie. Ich stell mich mit unter deine Fahne, sieh es mir nach, daß ich manchmal ein Grübler bin.

Max erwiderte das Lächeln, und er spürte, es tat ihnen beiden gut.

Abermals waren sie nun auf dem Weg. Sie sprachen nicht mehr, nur ihre Schritte waren zu hören, das Scheuern ihrer Kleidung, das angestrengte Atmen und hin und wieder die Machete Triens. Sie hackte nicht eigentlich, sie klatschte. Irgendwo ihnen zur Seite oder voraus bewegten sich zweifellos einige der Kämpfer mit Armbrust, doch sichtbar wurden sie kein einziges Mal. Barfuß im Dschungel – daß sie keine Angst vor Schlangen hatten? Schon öfter hatte es Max im Unterholz schillern sehen. Er hatte es für sich behalten, Inas wegen. Aber vielleicht hatte sie dieselben Entdeckungen wie er gemacht und hatte geschwiegen – seinetwegen? Das hätte zu ihr gepaßt. Unwahrscheinlich, wie sie sich hielt.

Natürlich, dachte er, fürchten jetzt alle, wir könnten in einen Hinterhalt geraten, sie auch. Anmerken läßt sie sich trotzdem nichts. Ohne Waffe – bei allem Respekt vor euch, liebe vietnamesische Freunde – ist das ein bißchen erstaunlicher, als wenn man sich in der Lage weiß, notfalls zurückzuschießen. So schwül es auch ist, dreist, wenn es noch heißer wäre, na, nichts beschreien, mein Ehrenwort, eine von euren Flinten würde mich hier nicht drücken. Am besten die Kalaschnikoff von Tam, wozu braucht er zwei von den Dingern, sein amerikanisches Automatgewehr bliebe ihm ja.

He, he, Max Spinnt, sagte er zu sich selber, was erlaubst du dir. Wenn ein anderer deine Wünsche hätte, Tilling zum Beispiel, du kämst ihm vermutlich nicht fein. Also beherrsch dich, vergiß es.

Doch nur mal so, ohne Nebengedanken, das Automatgewehr liegt sicher tadelsfrei in der Hand. Was da wohl für eine Geschichte dran haftet? Eine Beutewaffe, soviel ist klar. Wer aber trug sie, wer hat sie seinem Besitzer abgenommen, Tam selbst, wo war das, wann ist jener gefallen, fragt sich nun jemand, wofür eigentlich, oder lebt er, hatte er Glück und fragt sich das selbst in Gefangenschaft?

Du schriftstellerst wieder, mein Junge, Schluß damit, halt lieber die Augen auf. Womöglich passiert es sonst dir, daß es kein Erwachen mehr gibt.

Dennoch, wir wissen zuwenig, auf Schritt und Tritt Rätsel: Ist es nun ein gutes oder ein schlechtes Zeichen, wenn die Affen so kreischen wie jetzt? Das klingt doch so, als hätte sie jemand aufgestört. Ruhig Blut, die Vietnamesen beachten es nicht ... Für Affen ist der Dschungel ein Paradies, sie haben es noch. Armdicke Lianen hängen herab, die wahre Freude muß es sein, sich an ihnen zu schaukeln oder daran hochzuklettern. Nur kein Neid, dauernd mit nacktem Hintern durch die Gegend rutschen zu müssen ist auch nicht das große Los.

Von Minute zu Minute war es zusehends dunkler geworden, und wenn der aufgekommene Wind hier unten auch kaum zu spüren war, die Kronen der Bäume zauste er nun. Die Schärfe der Konturen ringsum, selbst jene des Vordermannes, verlor sich, es war, als marschierten sie in die Nacht hinein. Bald pladderte Regen, wahrnehmbar nur als Geräusch. Er pladderte auf das Blätterdach. Doch Sekunden später bereits goß es so stark, daß sich die Blätter beugen mußten, und in dicken Strähnen stürzte der Regen ins Unterholz.

Jetzt, dachte Max grimmig, kann der Lange planschen, soviel er Lust hat. Gestern hatte er Lust dazu, na, sie wird ihm inzwischen vergangen sein. Gestern war alles anders, gestern waren wir noch Touristen, so gut wie – jedenfalls. Und was sind wir heute – Arbeiter? Dann müßten wir erst mal die Baustelle finden. Also vorerst Arbeiter auf der Strecke. Streckenarbeiter. Ja, so könnte man sagen: Immerhin geht es ständig bergan. Eine verdammte Kraxelei. Meine Schuhe sind leck, das Wasser suppt mir zwischen den Zehen. Endlich begreif ich, woher das kommt, zu Schuhen Kähne zu sagen. Weil Schuhe wie Kähne leck werden können. Himmel, hier säuft man ja ab.

Ina rutschte aus und schlug ihn. Reischock war ihr am nächsten, er half ihr auf. Sie dankte es ihm sehr eigenwillig, warf sich herum und schubste ihn, und beinahe wäre er nun gefallen. Ihr Medizinkoffer lag noch im Schmutz.

Sie wollte sich danach bücken, aber jetzt war Max zur Stelle und drängte sie ab. Unduldsam sagte er: „Laß das!"

„Warum denn?" Sie hatte Tränen in den Augen. Selbstmitleid war das kaum, viel eher Zorn auf die eigene Schwäche.

„Darum. Möchtest du, daß wir halten?"

Heftig schüttelte sie den Kopf. „Gib mir wenigstens deinen Rucksack."

„Später." Er schob sie an.

„Wirklich?“ fragte sie mit letztem Widerstand, sie bremste.

„Wirklich.“ Er faßte nach ihrem Haar und drückte Wasser heraus.

„Lieber.“

„Liebe.“

Ihr kleines Malheur hatten nicht einmal alle bemerkt.

Es war dies ein Regen, der nicht einfach durchnäßte bis auf die Haut, er setzte die Kolonne schlicht unter Wasser, machte aus Menschen Amphibienwesen, sie ruderten sich förmlich vorwärts, und allen Vorsichtsmaßregeln zum Trotz wurden saftige Flüche laut.

Zwar stürzte niemand mehr im Sinne des Wortes, doch so ganz und gar aufrecht blieb auf die Dauer keiner. Wie Betrunkene wankten sie, stolperten bisweilen über die eigenen Füße, immer steiniger wurde der Pfad, und sie suchten Halt mit den Händen.

Selbst wenn es morgen nach Hause ginge, dachte Max, niemand mehr könnte sagen, wir waren nicht in Vietnam. Nicht mehr nach dieser Strapaze. In der Nase haben wir's jetzt, auch in den Knochen. Ist das schon etwas? Es ist. Herzlichen Glückwunsch. Moment – wieso Glückwunsch? Das zielt nach vorn, nicht zurück auf Geleistetes. Ewig diese Ungenauigkeiten. Also herzliche Gratulation.

Wenn uns die Sonne nachher nicht trocknet, gleich nach dem Regen, kann es gefährlich werden. Penicillin gegen Lungenentzündung. Soviel davon, wie erforderlich wäre, hat Ina bestimmt nicht mit. Unser meistes Gelumpe ist per Schiff unterwegs. Das kann dauern, bis es hier eintrifft. Falls überhaupt. Köppke in der Botschaft tat da nicht sehr überzeugt, er muß es ja wissen. Obwohl er ein bißchen protzt mit seinen Erfahrungen, es steht zuviel fest für ihn, sogar die Überraschungen, da kann er sich, sagt er, gar nicht mehr drüber wundern. Na, vielleicht soll das witzig sein.

Was er aber über die Baustelle sagt, klingt gar nicht so

übel. Sie wäre nämlich, trotz allem, wirtschaftlich recht günstig gelegen, zumindest prognostisch gesehen. Kohle- und Erzvorkommen gäbe es ganz in der Nähe. Natürlich müßten die Straßen erst ausgebaut werden. Keine Infrastruktur, sagt er, da wäre das Land weitestgehend noch unbeleckt. Jüngferlich sozusagen. Wenn ihr dort baut, sagt Köppke, das Werk schon, bevor es die Straßen gibt, dann ist das wie die unbefleckte Empfängnis. Ja, ja, die Wunder hören nimmer auf.

Aber die Steinkohle wäre im Tagebau zu gewinnen. Hervorragende Steinkohle, die Sohlen von phantastischer Mächtigkeit. Von so etwas können wir zu Hause nur träumen. Recht hat der Mann. Unsere Braunkohle liegt ja schon tief, immer mehr Abraum, die Kosten steigen von Jahr zu Jahr. Andererseits – was rechtens ist, soll rechtens bleiben –, wie wir umgehen mit der Braunkohle, was wir herausholen aus ihr, das grenzt schon an Zauberei. Kein Anlaß zum Übermut, aber wir sind nun mal die größte DDR, die es gibt, beweise mir einer das Gegenteil.

Noch hatte es nicht völlig aufgehört zu regnen, da war schon die Sonne am Himmel. Das Bild der Landschaft hatte sich wieder geändert, Berge, überall Berge, und die verschiedensten Pflanzen und Bäume waren hier längst nicht mehr so undurchdringlich miteinander verfilzt. Hin und wieder sogar gaben sie den Blick frei auf einen breiten, intensiv leuchtenden Regenbogen. Vögel stimmten ihre Kehlinstrumente für neue Konzerte ein. Sie plusterten sich.

Abermals wurden sie angerufen; das klang wie die Frage nach einer Parole. Hoa gab Antwort.

Eine junge Frau in Uniform kletterte aus einem Laufgraben. Sie lachte und sagte auf deutsch: „Hezzlich willkommen!“ Dann gab sie jedem von ihnen die Hand.

„Unser Flakbataillon“, sagte Tam zu Max. „Noch zwanzig Minuten, dann alles geledigt.“

„Wie – unser Bataillon?“

„Schön ‚unser'. Tapfere Mädchen. Baustelle gar nichts passiert, überhaupt nichts." Seine Stimme liebkoste.

Hoa nickte Trien zu, und der sagte: „Also, liebe Genossen, hier nun beginnt für die nächste Zeit eine neue Heimat für Sie, Ihre Wahlheimat. Wir wünschen Ihnen Gesundheit und Kraft. Vielleicht werden Sie hier nicht ganz so sicher leben wie in Abrahams Schoß, so sagt man bei Ihnen, nicht wahr, aber diese Genossin und all die anderen Mädchen an ihrer Seite, auch die Männer, Verzeihung, werden unsere Arbeit beschützen und unseren Schlaf. Nicht weit von hier, im Tal, wird gebaut. Bekennen wir uns zu Ihrem Dichter Goethe, der sagte: ‚Da rase draußen Flut bis auf zum Rand. Und wie sie nascht, gewaltsam einzuschießen – Gemeindrang eilt, die Lücke zu verschließen.'"

Ganz einfach hatte er das gesagt, überhaupt nicht rezitativ, und sie standen herum wie vor dem Ertrinken gerettet und eben erst aus dem Wasser gezogen, fröstelten bereits, gaben jämmerliche Figuren ab, und doch hätten wohl Goethes Worte nirgendwo sonst, jedenfalls in keinem Theater, einen so starken Widerhall in ihnen gefunden wie jetzt und hier in den Wäldern Vietnams. Sie waren Betroffene. Als erster klatschte Tilling, aber das war ein Zufall, Max spürte es, jeder von ihnen hätte der erste sein können; sie folgten ihrem Empfinden. Gewiß waren sie Trien auch dankbar. Deutschen Arbeitern mit einem deutschen Dichter, ihrem größten Klassiker, das „Tretet ein!" zu sagen war nicht nur ein Zeichen von hoher Kultur, es zeugte von menschlicher Wärme und einer geradezu umwerfenden Aufmerksamkeit.

*Ungeziefer,* dachte Max, *der böse Viet Cong. Man muß die Erde davon reinigen.* Triens Worte hatten so bitter geklungen.

Beim Abstieg ins Tal triumphierten ihre Lebensgeister, sie redeten laut und lachten, alberten herum, schubsten sich gar, rutschten auf dem Hosenboden über die glitschige Erde – sowieso taugte ihre Kleidung nicht mehr für Antrittsbesuche oder Diplomatenempfänge –, und dennoch waren sie nun befangen und im Kopf wie im Herzen verwirrt.

Von Beyer und Trien stritten sich über Fußball. Aber gewiß stritten sie. Unbeherrscht zeigten sie sich den Vogel, ließen nicht gelten, was der andere einem *Libero* zuschrieb an Pflichten, führten sich bald darauf vor, wie eine *Pieke* getreten, wie eine *Flanke* geschlagen wurde, und zwar optimal, den Ball ersetzten mehrere Knüppel, und endlich kamen sie beide zu Fall. Daß der Schiedsrichter fehlte, war ohne Belang, sie beherrschten auch so das Fair play, gaben sich noch im Sitzen die Hände und halfen einander hoch. Um weiterzustreiten. Hitziger jetzt.

Tam rieb sich wohlig die Magengegend. Außerdem beleckte er sich die Lippen, als hätte er Kuchenkrümel darauf. Er sagte zu Max: „Genosse Langer ist herrliches Sportmann, herrlich für Trien."

„Wer …? Ach so, Genosse Langer. Ja, das ist herrlich." Unwillkürlich zog er Tam an sich. „Mensch, Alter, wir rufen ihn doch nur so. Weil er so elend lang ist."

„Elend?" Tam blickte bekümmert. Dann sagte er tröstend: „Gleich Suppe und Reis. Genosse Langer essen, und Elend geledigt, ja?"

Max war zum Lachen, anstecken wollte er Tam damit, sah ihm bewußt ins Gesicht und erschrak. Neben ihm ging ein müder, ein zum Umfallen kranker Mann. Noch gestern mußte es das Gesicht eines jungen Burschen gewesen sein, vergnügt und schalkhaft, jetzt war es alt, unter der Haut war der Schädel eines Toten zu ahnen. Eine jähe Veränderung, zwar hatte er bis vorhin ähnlich erschöpft gewirkt wie die anderen, aber dieses Greisentum in seinen Zügen war neu. Jugend und Greisentum, beides war auf einmal vorhanden, irgendwie übereinandergelagert.

„Tam", sagte Max, schluckte und fragte: „Ist dir nicht gut?"

„Sehr gut", sagte der schnell. „Bitte, entschuldigen Sie." Er lief ihm davon.

Max wollte ihm nach, es gelang nicht, Hoa war plötzlich neben ihm. Er sagte: „Sorg dich nicht, Max, er will kein Mitleid. Er könnte es nicht ertragen. Es wird ihm auch bald wieder besser gehen.“

„Ist er krank?“

„Nicht direkt. Er hat etwas Schlimmes erlebt, das sind noch die Folgen. Wenn ihr euch länger kennt, vielleicht erzählt er es dir einmal.“

„Kann ihm Ina nicht helfen?“

„Mit Medikamenten? Ich glaube, nein.“ Er lächelte. „Seht zu, daß ihr euch jetzt erst einmal helft. Eure Koffer werden schon dort sein, reibt euch trocken und zieht euch um. Man bringt euch gleich heißen Tee.“

„Trockene Sachen – ist der Bus denn schon da?“

Hoa wies voraus auf ein blaugelbes Blechgehäuse. „Siehst du ihn nicht?“

„Merkwürdig. Was meinst du – ist er schon lange hier?“

„Ja, lange.“ Hoa wirkte verlegen. „Max, du bist Parteisekretär – der Bus wurde gebraucht … für anderes, verzeihst du uns das?“

„Wofür haltet ihr uns“, sagte Max, er war gekränkt. „Schade, Hoa – mit der Wahrheit im Kopf wär uns der Weg sogar leichter gefallen. So dachten wir, es geht nur um uns …, alles um unserer Sicherheit willen. Da schämt man sich fast.“

„Es tut mir leid.“ Hoa hielt ihn am Ärmel fest. „Sieh mich an, Max – es tut mir leid. Trotzdem wird es sich wiederholen. Nicht immer darf man alles sehen und alles wissen, das trifft auch auf mich zu – verstehst du das nicht?“

„Ach so …“ Max senkte den Blick. Für einen Leutnant der Nationalen Volksarmee der DDR hatte er sich reichlich naiv benommen. „Dann ist alles in Ordnung, dir braucht auch nichts leid zu tun.“ Er lachte. „Worauf warten wir? Wenn die trockenen Sachen nicht zu uns kommen, müssen wir wohl oder übel zu ihnen hin.“

In den Abhang hineingebaut, auf halber Höhe des Berges, standen zwei barackenartige Gebäude mit überdachtem Laufsteg davor. Gazefenster, kein Glas.

Ein massiger Kerl, fläzig, obwohl nirgendwo angelehnt, die Hände in den Hosentaschen, verstellte ihnen den schmalen Weg und griente. Ein Bierkutscher, dachte Max.

„Gut seht ihr aus", sagte der Berber. „Wen der Herrgott liebt, den läßt er leiden. Na, ihr versteht doch wohl Spaß." Der Reihe nach drückte er ihnen die Hand, schien es aber darauf abgesehen zu haben, sie ihnen bei dieser Gelegenheit zu zerquetschen. „Auf daß mein Haus voll werde. Karl Otto mein Name, für Miesepeter Herr Otto, für Freundliche Karl oder Kalle. Von Frauen", jetzt war er bei Ina angelangt, „hör ich am liebsten Karlchen, na, du verstehst doch wohl Spaß, oder ist dein Mann in der Nähe. Ich bin abgestellt für euch als Quartiermacher, nebenberuflich, und außerdem als Empfangskomitee."

„Und was bist du hauptberuflich?" fragte Max.

„Stahlwerker, mein Kleiner." Er hielt ihm den Oberarm hin. „Da – willst du mal fühlen?"

„Alles klar, der eiserne Karl."

Den Spott registrierte er, über Sekunden guckte er verblüfft. „Mir schwant was – du haust auf den Putz wie ein Chef, also bist du Max Spinnt."

„Danke. Wie wär's, du zeigst uns jetzt unsre Salons?"

„Eure Buchten. Denn mal los, immer rein in die Ställe." Vom überdachten Holzsteg aus schlug er im Vorbeigehen gegen die Türen und sagte dazu: „Einzelzelle – Einzelzelle – Zweimannzelle – Einzelzelle – Zweimannzelle. Der reinste Luxus, sucht euch was aus."

Die Türen waren mit einfachen Riegeln und Vorhängeschlössern versehen, die Schlüssel steckten.

„Eure Klamotten", sagte der eiserne Karl, „schlepp ich euch ran, ausnahmsweise. Zieht erst mal ein." Sein Grienen war eindeutig, er wartete auf lange, enttäuschte Gesichter. Ein herziger Typ.

Ina machte „Bäh ...!" und streckte jemandem die Zunge

heraus. Dieser Jemand war ein Gecko über der Tür. „Geh du vor“, sagte sie zu Max. Der kleine grüne Geselle hier draußen genügte ihr vermutlich, um hinter der Tür einen Pfuhl mit ausgewachsenen Krokodilen im Bereich des Möglichen zu sehen.

Ob es sie nun erleichterte, daß es dort einen Fußboden aus Stampflehm gab, blieb ihr Geheimnis. Der Raum war stickig und ziemlich eng. Die an den gekalkten Wänden verharrenden Geckos waren die einzige Dekoration. Eingerichtet war die Behausung mit einem Tisch, drei Hokkern, alles grob gezimmert, und zwei sich gegenüberstehenden Pritschen mit Bambusauflage. Einen Schrank gab es nicht. Am Fußende der Pritschen lagen jeweils zwei noch zusammengefaltete Laken, eine Decke und ein Kopfkissen. Und natürlich gehörten die an den Wänden befestigten schmalen Galgen mit den hochgeschlagenen Moskitonetzen dazu.

Eine Fliege summte. Sie hatte die tiefe Stille für sich.

Dann sagte Max: „Ach was.“

Und Ina sagte: „Ob es ein Klo gibt?“

„Nur für kleine Jungs“, sagte der eiserne Karl, er hatte sich angeschlichen, obwohl er beladen war mit Gepäck. Eben ein Kraftmensch. Sie hörten, wie er hinter ihrem Rükken die Koffer abstellte. „Für kleine Mädchen, will ich mal sagen, ginge es auch, aber sicherer mit einem Posten davor. Wie wär’s denn mit mir?“

Unnötig, sich umzudrehen, sowieso griente er.

„Versuch, dich kurz zu fassen“, sagte Max. „Du störst.“

Den eisernen Karl berührte das wenig. „Freilich stör ich. Wer mag schon Zeugen, wenn man die Schnauze zum erstenmal voll hat. Aber tröstet euch, die andern in ihren Zellen stehen genauso bedeppert herum, wie bestellt und nicht abgeholt. Und das bleibt so, sage ich euch, das wird nur noch schlimmer.“

„So ist das“, jetzt sah ihn Max an, „du fühlst dich unterfordert?“

„Ich fühl mich nicht nur, ich bin es. Bis hier ein Stahlwerker gebraucht wird, kann ich Vietnamesisch perfekt. Und ich lern so was langsam. Um in der Erde rumzubuddeln oder Beton zu mischen oder Hütten, wie die hier zu bauen, war ich eigentlich nicht hergefahren. Das bringt auch einer mit Stroh im Kopf."

„Du hast es schwer", sagte Max, „bei deiner Intelligenz … Adel der Arbeiterklasse, ja, die bessere Sorte? Bist du Genosse?"

„Bin ich. Aber wie du eben losgelegt hast, gib dir keine Mühe, das zieht nicht bei mir. Ich versteh nämlich Spaß."

„Wie schön. Weil wir uns aus Spaß jetzt umziehen werden." Max zog die Tür heran und riegelte ab.

Schweigend öffneten sie die Koffer, vermieden es, einander in die Augen zu sehen, rieben sich trocken, und später, längst wieder angezogen, saßen sie auf den Pritschen und sagten noch immer nichts. Auf dem Fußboden zwischen ihnen lagen die nassen Kleidungsstücke. Sie zu ordnen und dann zum Trocknen aufzuhängen, hatten sie wohl beide im Sinn: wie ein durchaus nennenswertes Problem, das als nächstes zu lösen war, das sie bedrückte, doch sie rafften sich einfach nicht auf dazu.

Max zündete zwei Zigaretten an, ging zu Ina und reichte ihr eine. „Manchmal hilft es …"

Sie schüttelte den Kopf. „Was ich durchhalten will, das halt ich auch durch." Ihre Stimme hörte sich fiepsig an.

„Das hier auch?" Er hockte sich vor sie hin und nahm ihre Hände. „Dieses ganze verrückte Leben …?"

Sie nickte. Sie biß sich auf die Unterlippe, aber sie nickte.

„Ich liebe dich", sagte er.

„Wehe nicht. Wehe, du liebst nur Vietnam." Ihre Augen lächelten jetzt.

Es klopfte. Eine schüchtern wirkende junge Frau brachte Tee. Was sie sagte, verstanden sie nicht. Als sie das Geschirr abstellte, klirrte es leise. Im Gegensatz zu allen Mädchen und Frauen, die sie in Hanoi und unterwegs gesehen hatten, trug sie keine Hosen, sondern einen bis zu den Waden reichenden einigermaßen engen Rock. Kupferreifen schmückten ihre Fesseln, sie ging barfuß. Schön war sie und von einer solchen Anmut, daß Max plötzlich dachte: Wäre ich Maler, ich würde sie malen mit einem blühenden Pfirsichzweig.

Vielleicht spürte sie seinen Blick, ahnte sie seine Gedanken, denn sie errötete nun, setzte die Teekanne ab, ohne noch die zweite Tasse gefüllt zu haben, und huschte hinaus.

Bald tauchte der eiserne Karl wieder auf. Er brachte einen verschrammten Topf und einen Spirituskocher. „Na, wie bin ich zu euch? Was die anderen kriegen, ist Schrott dagegen, die werden erst friemeln müssen, der Kocher dazu elektrisch, hoffentlich verstehen sie Spaß, Strom ist nämlich Glückssache hier. Und ihr, ehrlich mal, was habt ihr es gut, euer Hausstand ist schon beinahe komplett. Übrigens, wenn ihr rauskommt, die letzte Tür rechts, das ist ab heute Damentoilette, ich hab es schon angeschrieben. Hier ist der Schlüssel."

Guck an, dachte Max, er quatscht kariert, macht aber Nägel mit Köpfen. „Möchtest du rauchen?"

„Oh, heimisches Kraut, immer her damit. Der Tabak hier ist meistens zu feucht, was ist hier nicht feucht, will ich mal sagen, und das Papier ist auch nicht die Wucht."

„Behalt die Packung." Max lachte. „Bis nachher. Ich seh mal nach den anderen."

„Aber dein Tee ...", sagte Ina.

„Karl sieht irgendwie durstig aus, biete ihm einen an. Ich schlauch mich dafür in der Nachbarschaft durch."

Aus Reischocks Zelle tönte verhaltener Gesang, und es hörte sich an, als wäre der Ingenieur mit den Gedanken dabei woanders, er stockte zwischen den Wörtern, ja Silben, und erst nach Sekunden nahm er die Melodie wieder auf: „Wir sind die Moor ... soldaten und ziehen mit dem ... und ziehen mit dem Spa ... ten ... ins Moor ..." Er stand in der Mitte seiner „Zelle", die Teetasse in der Hand, und blickte wohlgefällig auf ein gerahmtes Foto, für das er bereits einen günstigen Platz an der Wand gefunden hatte. Das Foto zeigte seine junge Frau mit zwölfjährigem Sohn. Beide sahen aus, als erheitere sie der Betrachter, als würden sie umgehend loslachen müssen.

Anerkennend sagte Max: „Holger Reischock richtet sich ein."

„Ja, was?" Er grinste. „Jetzt noch ein Büschel Gras auf den Tisch, ein bißchen Unkraut, es müssen nicht immer Rosen sein, und die Gemütlichkeit schlägt alle Rekorde. Zu Hause züchte ich Brennesseln auf dem Balkon, hat auch nicht jeder."

„Ich besorg dir das Gras. Und sonst?"

„Es läßt sich an. Der Magen knurrt mir."

„Mir auch. Soviel ich weiß, ist etwas vorbereitet, wir werden hier abgeholt."

„Eine frohe Botschaft." Mit dem Fuß tippte Reischock gegen seinen dreibeinigen Elektrokocher, eine Heizspirale ragte heraus. „Eh' der uns was warm macht, sind wir verhungert."

„Da ist noch ein Spirituskocher – wenn du den lieber möchtest."

„Nicht so gütig, Max. Der Kraftprotz hat dir erzählt, du hättest das Beste vom Besten gekriegt?"

„Du kennst den Text?"

„Den läßt er an jeder Tür ab, er versteht nämlich Spaß."

Sie lachten, und Max ging weiter zur Tür nebenan.

In dem Kabuff dort richtete Tilling seine Pritsche bereits als Nachtlager her. Sehr akkurat ging er dabei zu Werke, das geborene Zimmermädchen, und seine nasse Kleidung hatte er draußen über das den Holzsteg begrenzende Geländer gehängt.

„Geht's gut?" fragte Max.

„Immer." Er lächelte, sah aber traurig aus. „Wenn etwas

zu machen ist, bei euch oder woanders, du sagst mir Bescheid?"

„Danke, Klaus – vorläufig nicht. Wo wohnt der Lange?"

„Drei Türen weiter, glaub ich."

„Du glaubst?"

„Na ja, dazwischen sind Zweibettzimmer."

„Ah ja? Bis nachher, okay?"

Von Beyer hatte seine Koffer noch nicht geöffnet. Er saß – wie er angelangt war – auf dem Tisch, hatte die Hände um die Kanten gelegt, die Beine von sich gestreckt und schnaufte. Das wirkte ebenso komisch wie anrührend.

„Kaputt?" fragte Max.

„Wer, ich? Kaputt sind ganz andere Leute!" Galle in seiner Stimme und Galle in seinem Blick. „Tilling kann nicht ganz dicht sein im Kopf, eine Meise muß er doch haben!"

„Was hat er getan?"

„Was hat er getan, was hat er getan. Das erstbeste Mauseloch, schon verkriecht er sich drin! Soll'n alle gleich sehen, die Herren aus ‚Blaues Wunder' belegen nur Einzelgemächer!"

Daher der Wind. Max blieb ernst, obwohl es ihm schwerfiel. Er beugte sich zur Tür hinaus und rief: „Klaus – kannst du mal kommen?"

Umgehend war der zur Stelle.

„Ein Problem ...", sagte Max und pustete bedenklich. „Jeder ein Einzelzimmer ..., der Lange hat recht, mancher könnte da denken, wir sind nicht gerade bescheiden. Was meinst du, welchen Eindruck das macht?"

Tilling schluckte. Sofort war er das schlechte Gewissen in Person. „Ich dachte ja nur ...", murmelte er, „nicht meinetwegen ..., also wenn ich nicht störe ...?"

„Wenn ich nicht störe, nun hör dir den an!" Der Lange empörte sich, verließ jetzt aber den Tisch und nahm seine Koffer. „Mäuschenstill wirst du sein, mein Sohn, mucksmäuschenstill! Ich teile mit dir meine Laube, großzügig, selbstlos, und du planst Rabatz. Seife und Handtuch darfst du mir reichen und immer hübsch als erster grüßen, gute Nacht, Tom, guten Morgen, Tom, wünsche, wohlgeruht zu haben, Tom, und ein paar andere Sachen noch. Wenn du das alles befolgst, wirst du es gut bei mir haben."

„Ich weiß, dann krieg ich sonntags die Knochen." Tilling erkühnte sich.

# 4. Kapitel

Mit den Menschen waren die Ratten gekommen.

Erfordernisse des Krieges hatten die Menschen hierhergebracht, von Monat zu Monat mehr. Mit Sack und Pack kamen sie, aber Sack und Pack bedeutete in Vietnam nicht viel: eine Bastmatte, die man auf dem nackten Boden ausrollte vor dem Schlafengehen, manchmal ein Hemd zum Wechseln und zwei Hände voll Kleinigkeiten. Einige tausend Menschen.

Bei weitem nicht alle arbeiteten auf der Baustelle. In den Bergen ringsum gab es Höhlengänge und mächtige Grotten, so hoch und ausgedehnt, daß sie nun als bombensichere Fabrikhallen galten.

Der amerikanische Präsident Johnson hatte zwar – so offizielle Verlautbarungen – angeordnet, den Luftkrieg gegen die Demokratische Republik Vietnam zu beenden, auch wurde in Paris verhandelt, nach einer politischen Lösung des Konflikts gesucht, aber auch inoffizielle Bomben und Raketen, meistens nur „aus Versehen" ausgeklinkt und abgeschossen, vernichteten Leben und Güter. Und Aufklärungsflüge, zu nichts anderem bestimmt, als neue Ziele zu erkunden, wurden ohnedies Tag um Tag, bemannt und unbemannt, von der Air Force gestartet und wie die selbstverständlichste Sache der Welt im Luftraum der DRV durchgeführt.

Eine halbe Wahrheit konnte mehr Hinterhalt schaffen als eine ganze Lüge. Und ein halber Frieden, was sollte das sein, gab es den überhaupt?

Einschläfern jedenfalls ließ sich niemand im Norden Vietnams. Es war kein Industrieland, gewiß nicht. Doch es hatte schon etliche große Werke gegeben: Zehn Jahre Volksmacht im Frieden hatten einen Grundstein gelegt.

Reste dieser Betriebe wurden, wo immer es möglich war, in die Berge verlagert, unter die Erde.

Tausende Menschen mit Sack und Pack, Frauen mit Kindern kamen. Siedlungen im Dschungel entstanden, einfachste Hütten, niedriger als das Elefantengras.

Was immer auf diesem Boden wuchs, die Menschen wußten es zu ihrer Tarnung zu nutzen. Mehr noch, die Eigenart vieler Gehölze und Pflanzen schien darauf ausgerichtet zu sein. Man konnte abergläubisch werden: Hatte die Natur eine Seele, hatte sie den Weg der Aufrechten in diesem Land vorausgeahnt, und hatte sie darum den Dschungel, die Berge, die Höhlen geboren? Zartfühlend oder mild war sie nicht, doch göttlich vielleicht, dann aber mit dem Herzen und von der Statur eines ungewöhnlichen Waschweibs: Es streichelte selten und ungeschickt, zu groß waren seine Hände, sie schubsten meistens, dies jedoch an den richtigen Fleck. Es verschüttete Wasser beim Arbeiten, es pustete, dieses Waschweib, und Überschwemmungen waren die Folge, und Taifune entstanden.

Aber es hatte den Dschungel geboren, die Berge, die Höhlen – mit den Aufrechten war es im Bund.

Max hatte sich das ausgedacht. Er lag im Dunkeln und fröstelte. Sein Gleichnis gefiel ihm. Ob er den Vietnamesen davon erzählen sollte? Besser nicht. Hoa könnte ihn womöglich belehren: Unsere Wäscherinnen sind zierlich. Aus welchen Himmeln borgst du dicke Waschweiber aus?

Und Trien? Eventuell sähe er schlechte Propaganda darin: Ich an deiner Stelle, Max, würde diese Theorie nicht verbreiten. Das ist nicht materialistisch gesehen.

Er schmunzelte. Draußen war es jetzt wieder still. Die Ratten hatten ihn geweckt, die Kälte und die Ratten. Kletterfreudige, zänkische Tiere, besonders während der Nächte. Sie stießen an und warfen um, und es schepperte dann und klirrte. Manchmal polterte es sogar. Zwar wurde überall auf Sauberkeit und Ordnung geachtet, aber es blieb eben Notbehelf, und die Ratten waren nicht wählerisch und vermehrten sich schnell. Da nützte es wenig, daß Tilling auch als Kleinwildjäger begabt war und viele Fallen gebastelt hatte – die Verhältnisse standen dagegen.

Es gab Schlimmeres. Nicht einmal Ina kreischte mehr auf, wenn ihr Geckos und Ratten und Schaben, letztere groß wie ein Daumengelenk, die Wege verteufeln konnten. Wer sich hier nicht bemühte, es nicht lernte, mit den Umständen zu leben, dem war alles nur qualvoll, der mußte nach Hause, oder er ging zugrunde daran. Sieben von annähernd neunzig Kollegen waren schon wieder abgereist, ein einziger mörderischer Sommer hatte genügt, sie in ihrem Wesen so zu verändern, daß sie – gestern noch ausgeglichen – auf geringste äußere Reize hysterisch reagierten, aggressiv wurden und dann wieder für Tage in Apathie verfielen, blind und taub für jedes Geschehen. Kranke – Ina hatte es attestiert.

Verändert hatten sich alle, auch die Hiergebliebenen. Bescheidener waren sie geworden, leiser und freundlicher, auch untereinander hilfsbereit. Das Wort vom Wert des Menschen bezogen sie hier auf die anderen – weit mehr als auf das eigene Ich. Sie suchten und entdeckten einander, weil sie sich brauchten, sie wohnten gleichsam in der Gemeinschaft: Was ihr zum Schaden gereichen konnte, bedrohte folglich das eigene Wohl.

War das zu Hause nicht so gewesen? Doch, objektiv ja. Nur war es ihnen weniger bewußt geworden. Wer raffiniert und stur genug war, dem gelang es zu Hause, das eigene Gepäck durch die Zeit anderen aufzubürden, vom Frieden kam dennoch reichlich zu ihm über Hecke und Gartenzaun. Die Freuden des Lebens, na, Herrschaften, schließlich sind sie für alle da!

Die Freuden des Lebens, das war es, sie lagen hier nicht in Vergnügungen, welche *ausgerichtet* werden – sobald das Geld im Kasten klingt, der Jauchzer in den Himmel springt –, sie erwuchsen hier aus der Gemeinsamkeit. Vernünftig, wer sich entsprechend verhielt.

Max dachte, ob nicht doch ein bißchen Berechnung dabei ist. Zu komisch, sich vorzustellen, wir wären Engel auf Erden geworden. Ich nicht ganz auf der Erde. Als Parteisekretär hätte ich darüber zu schweben; Genosse mit Flügeln, ein himmlisches Wesen, Hirte ohne Knüppel und Hund. Selbst dem sozialistischen Realismus, diesem ebenso vielgliedrigen wie wendigen Geschöpf in der Kunst, bräche so etwas das Genick. Oder nein ...? Ein Pfötchen verstaucht es sich jedenfalls.

Philosoph in der Nacht, sagte er zu sich selber, im Mittelalter hätte man dich als Ketzer verbrannt. Was, du erschauerst nicht, ein Feuer wär dir ganz angenehm? Ah so, ein Feuerchen und du davor ... Winter in Vietnam, wie sich das anhört. In Nordvietnam. Im Süden soll es ja warm sein, hochsommerlich. Ein weites Land, groß auch, augenfällig aber weit. Und ein Volk, ebenfalls groß, fast siebzig Millionen, die Deutschen aus beiden Staaten ergeben nicht mehr, vor allem aber ist es enorm.

Bloß ihr Klima haben sie nicht im Griff. Im Sommer liegst du auf Bambusstangen, damit der Schweiß gleich durchtropfen kann, durchsickern wäre nicht übertrieben, und im Winter zitterst nicht du, dich zittert der Winter, er vibriert dir das Fett weg unter der Haut. Am Tage zehn Grad über Null, höchstens soviel, nachts beinahe Frost, wenigstens hier in den Bergen, und das bei beklemmender Luftfeuchtigkeit. Und keine Öfen in den Unterkünften, mein lieber Mann.

Nitschewo, der Mensch gewöhnt sich. Im großen und ganzen ist es besser gekommen, als wir anfangs erwarten durften. Das wichtigste: Es gab keine Fliegerangriffe, neun Monate lang nicht. Hoa glaubt nicht, daß es so bleibt. Niemand glaubt es. Um so mehr ein Grund für uns, jede Minute zu nutzen. Bauen, notfalls mit bloßen Händen. Man darf nicht denken: Und was ist, wenn es wieder zerstört wird? Die Vietnamesen tun es ja auch nicht. Es wird nur mehr zu verteidigen sein. Der Kampf wird lohnender.

Merkwürdig, wie einfach man denken kann, wie einfach und doch wie richtig. Schule Vietnam.

Er zog sich die Decke enger um die Schultern, gähnte und nahm sich vor, unbedingt wieder einzuschlafen. Die Zeit nutzen hieß auch, sich zu erholen, wenn Zeit dafür war. Mit Ina im Arm war das Einschlafen nie ein Problem, sie wärmten sich gegenseitig. Jetzt aber – wie schon in manchen anderen Nächten – stand ihre Pritsche verlassen da. Sinnlos, zu warten, jetzt hatte sie Quartier bei den Meos, Kost und Logis sozusagen, und die würden Ina aus Sorge um sie erst bei Tageslicht ziehen lassen. Da half es ihr gar nichts, daß Tam bei ihr war – Max kannte das schon. Diese Meos waren Angehörige jener nationalen Minderheit, an deren weltvergessene engere Heimat nun mit dem Bau des Stahl- und Walzwerkes, mit den unterirdischen Fabriken ein neues Zeitalter angeklopft hatte. Ein rüdes Zeitalter vielleicht, denn es hatte den Fuß gleich zwischen Tür und Schwelle gesetzt, staubbedeckt, lärmend und so nicht einfach nur Einlaß begehrt, sondern ihn auch ertrotzt. Ein verfolgtes Zeitalter war es zudem: gehetzt vom Krieg der Amerikaner, gesucht von ihren fliegenden Spür- und Bluthunden aus Metall. Dem Bedrängten, Gejagten Schutz und Zuflucht verwehren …? Nein, das war nicht die Art der Meos. Aber sie wußten natürlich, wer den Gesuchten beherbergt, der teilt mit ihm die Gefahr, der zieht sie auf sich, und mancher von ihnen – wer wollte es ihm verdenken – verfolgte das laute Geschehen mit freudlosem, ja düsterem Blick.

Vom Krieg waren sie bisher weitgehend verschont geblieben. Sie lebten in Großfamilien, hielten sich einiges Vieh, handelten mit seltenen Hölzern, und ihre Äcker, oft noch durch Brandrodung gewonnen, gemeinschaftlich bestellt, bildeten die letzte und wichtigste Grundlage ihrer bescheidenen Existenz. Selbstredend waren die Männer auch Jäger, doch selten sah man sie mit Gewehren, viel öfter mit Armbrust und Pfeil. Dabei besaßen sie sowohl die eine als auch die andere Waffe, wußten mit beiden treffsicher umzugehen, und wenn sie dennoch der Armbrust den Vorzug gaben, so hatten sie – dessen war sich Max sicher – aus Erfahrung Gründe dafür. Die Meofrauen trugen grundsätzlich Röcke, und außerhalb ihrer Siedlungen sah man sie kaum ohne Flechtkiepe auf dem Rücken, sogar noch die Schulterriemen aus elastischem Pflanzenmaterial.

So, als gäbe es all das Neue nicht, als wäre ihre Abgeschiedenheit nach wie vor unbeschädigt, suchten viele, die meisten der Meos, an ihren überkommenen Lebensgewohnheiten festzuhalten. Für die Arbeit in den Grotten oder auf der Baustelle hatten sich nur wenige von ihnen gewinnen lassen. Niemand machte ihnen deshalb Vorwürfe, niemand übte Druck auf sie aus.

Hoa hatte gesagt: „Wenn du sie fragst, wer zuerst da war, sie oder die Berge und Wälder, sie werden dir antworten, es gab kein Zuerst, es gab uns gemeinsam von Anfang an. Jeder von ihnen ist viele tausend Jahre alt, oder richtiger, in seinem Fühlen und Denken liegen diese Jahre bewahrt. Damals war die Erde noch dünn besiedelt, sie hatten weite Räume für sich, sie konnten atmen. Wie sollen sie das in den Höhlen? Die Arbeiterdisziplin wäre vielleicht eine Folter für sie."

Und für die Vietnamesen nicht? hatte Max gedacht. Wir wissen doch beide, wie sie uns weglaufen von den Arbeitsplätzen, sooft sich eine Gelegenheit bietet. Dann findest du sie bei ihren drei Bananenstauden, im Maniokfeld oder am primitiven Mörser, dort stampfen sie Mais. Die Not, gewiß, der Mensch muß essen. Aber ist es wirklich nur das? Welche Breite hat denn euer Proletariat, ist es etwa tief gestaffelt? Eine Arbeiterklasse habt ihr, ganz ohne Frage, auch eine Geschichte der Arbeiterbewegung, aber die Relationen, Hoa, wie viele von euch sind Arbeiter, wie viele Händler, wie viele Bauern, egal, ob mit oder ohne Land? Und wenn sie jetzt hier sind, wenn sei so gänzlich anderes tun als gewohnt, dürften sie nicht ebenfalls sagen: Wir hatten

Weite um uns her, wir konnten atmen? Warum mit zweierlei Maß messen? Schon gut, ich kenn ja die Antwort: Euer Volk wird geführt von einer Partei, die Arbeiterklasse, wie breit oder schmal sie auch sein mag, hat ihre Vorhut. Sie verlangt von euch mehr, weil sie mehr sieht, weitere Horizonte hat, die Höhlenfabrik ist dann in der Mitte, niemals am Ende und schwerstenfalls am Anfang der Welt.

„Haben die Minderheiten auch gleiche Rechte?“ fragte Max.

„Gleiche Rechte, ja“, hatte Hoa nach einer Weile gesagt, „aber nicht immer zur selben Zeit für alle auch gleiche Pflichten. So neu ist das nicht, es wurde und wird uns vorgelebt, erfolgreich. Oder glaubst du, die Leninsche Nationalitätenpolitik in der Sowjetunion wäre etwas anderes? Und wie sah es aus im Rußland des Jahres 1917 – war die Arbeiterklasse dort etwa überwältigend groß? Du siehst, Max, ich errate deine Gedanken. Nun ja, das ist nicht schwer, sie drängen sich auf. Wahrscheinlich bin ich manchmal so ratlos wie du, auch ein bißchen verzweifelt, wenn ich bedenke, was noch zu tun bleibt, wenn sich die Geschichte auftürmt vor mir zu Bergen, die wir zu versetzen haben. Allein die nationalen Minderheiten ..., rund fünfzig gibt es in unserem Land. Archaisch geprägte Familienstrukturen, ob Matriarchat, ob Patriarchat, alles ist noch fast absolut. Dann hilft es, an Rußland zu denken ... Historischer Optimismus, auf einmal nimmt er Gestalt an, wird er konkret, und man rechnet wieder in Jahren und Jahrzehnten, nicht mehr nur in Jahrhunderten.“ Er hatte gezwinkert. „Für unser eigenes Leben verspricht das noch allerhand.“

Sie hatten sich eine Zigarette geteilt.

Schließlich hatte Max gefragt: „Wie ist das, ist Genosse, also Dong Chi, bei euch eine übliche Anrede, oder sind dann Kommunisten damit gemeint?“

„Kommunisten. Dir fällt auf, daß wir auch Vertreter der Minderheiten so nennen?“

„Ja natürlich.“

„Nicht wenige sind Kommunisten. Oder sie sind auf dem Wege dorthin. Andere sind ihnen feindlich gesinnt, ihnen und uns. Unter dem gemeinsamen Dach wird der Streit nicht ausgetragen, dort bleibt alles beim alten, die Gegensätze verschwinden hinter der Familienhierarchie. Erst wenn die Menschen das Haus verlassen, merkst du, wie die Weichen gestellt sind. Denn füreinander bleiben sie Brüder, sie sagen ihren Verschworenen nicht: Der hält's mit denen wie ich mit euch. Aber sie kämpfen, jeder auf seiner Seite."

„Ungewöhnliche Kommunisten."

„Ja, ungewöhnlich. Das Gestern und Morgen stoßen zusammen, das Heute ist nur der Knall. Da darf man nicht schreckhaft sein. Außerdem, so viele Kommunisten sind es auch wieder nicht. Was uns eint mit den Minderheiten, hauptsächlich und jetzt im Krieg, ist etwas anderes: ihr Patriotismus. Patrioten sind sie fast alle, eine wichtige Basis, dort treffen wir uns."

„Auch für den Frieden?" Max hatte an das eigene Land gedacht.

„Ja", hatte Hoa gesagt, „dreimal ja! Gerade um den Frieden zu sichern, darf niemand ausgeschlossen werden. Aber bitte die Macht in den Händen behalten. Die feudalistisch denken oder bürgerlich, bei euch wahrscheinlich bürgerlich, würden die Situation sonst nutzen. Wie Könige ohne Land sind sie manchmal, überheblich und eitel – aus Notwehr. Ich meine, der Zustand gefällt ihnen nicht. Also kann es passieren, daß *sie* dich ausschließen möchten vom Kampf um den Frieden, daß sie dich abdrängen wollen, du bist Kommunist, willst verändern nach vorn – und das nun gerade ist nicht so ihr Ziel. Sie wollen Frieden wie du, ganz ohne Zweifel, aber das Fundament für den Frieden hast du zu liefern. Sonst laufen wir Gefahr, daß wir uns in der Sonne wähnen, wortgewaltige Friedensstifter, Beifall von links und rechts, doch hinter uns wird der Himmel schon grau von Flugzeugen und von Bomben."

„Woher weißt du das alles – hier?"
„Ich träume viel."
„Deine Träume bedrücken mich."
„Dann ist es gut. Was uns drückt, das vergessen wir nicht." Hoa hatte eine Weile gegrübelt. „Unser Gespräch, Max", hatte er dann gesagt, „es bleibt unter uns?"
„Ja, wenn du willst ... Warum?"
„Nur so. Es werden jetzt viele Berichte geschrieben, unnötige auch, das wäre nicht gut."
Trien ...? war es Max in den Kopf gekommen. Nicht doch, warum denn Trien ...?
Er gähnte, aber ihm wurde nicht warm, und er wußte schon, daß er nicht mehr würde einschlafen können. Ohne Ina ging es ihm einfach nicht gut. Wie stark sie war, diese Nichtraucherin. Früher, vor der gemeinsamen Zeit, hatte er vom Essen und Trinken gelebt. Nun lebte er auch von ihr, doppelte Portion sozusagen, für Schwerstarbeiter. Ein verrückter Gedanke und dennoch richtig. Es genügte ihm, sie anzusehen, sie zu hören, sie wenigstens in der Nähe zu wissen, und es wurde ihm leichter. Rätselhaft, was dann vorging in ihm.
Gestern, am späten Abend, hatte Tam an die Tür geklopft, sehr verlegen. Ob ihn Ina begleiten möchte, in einem Meodorf wäre ein kleines Mädchen erkrankt, hohes Fieber.
Sofort hatte sie sich wieder angezogen. „Und wird mich der Medizinmann auch dulden?"
Tam hatte geschmunzelt. „Große Sensation. Medizinmann schickt selbst."
„Was schickt er? Wohin?"
„Mich. Zu Genossin Doktor. Kleines Mädchen sonst geledigt, Medizinmann schon alles probiert."
In der Tat war diese Bitte um Hilfe ungewöhnlich und erregend, doch sensationell war sie eigentlich nicht. Im Gegenteil, früher oder später hatte es dazu kommen müssen, Inas Verhalten in den Monaten zurück hatte dafür die Weichen gestellt. Mit der gleichen freundlichen Neugier, mit

der sie sich Einlaß in die Bauernstuben von Bruch verschafft hate, war sie hier den Meos begegnet, tat sie es immer wieder und war so in ihre Dörfer gelangt. Jenes schöne Mädchen mit den kupferbereiften Fesseln, das ihnen am ersten Tag ihres Hierseins den Tee serviert hatte, verhehlte ihr nicht seine Sympathie und hatte sie eines Tages zu sich nach Haus eingeladen. Menschliche Beziehungen – Ina schien unfähig zu sein, sich in diesen Fragen mit dem ihr gereichten kleinen Finger zu begnügen, sie holte sich dann die ganze Hand. So hatte sie auch den Kontakt zum Medizinmann gesucht und selbstverständlich gefunden.

Aber sie war ihm nicht als Studierte begegnet, nicht als Überlegene, sondern als Interessierte und Schülerin. Stundenlang hatte sie ihm zugesehen, sich Kräuter und Tinkturen erklären lassen, war nachdenklich geworden und überrascht gewesen und hatte sich manche „wilde Arznei“ mit in ihre Praxis gebracht.

Zu Max hatte sie gesagt: „Wenn wir nur nicht so überheblich wären, wir sogenannten Modernen. Das sind keine Scharlatane, die Medizinmänner, ihr Wissen ist groß, und sie lieben ihre Patienten. Wir könnten ihnen manches abgucken, vorausgesetzt, wir wollen es auch. Hast du mal in einem wirklich alten Koch- und Backbuch geblättert, wie viele Rezepte es da gibt? Aha, und jetzt vergleich es mit heutigen Büchern – hundert exotische Gewürze empfiehlt man dir, der Kaloriengehalt der Speisen ist für dich ausgerechnet, die exakte Temperatur zum Garen, manches sollst du nur in Pfannen und Töpfen aus besonderem Material erhitzen, alles Probleme und Dinge, die Fortschritt bedeuten, es oftmals auch sind, von denen unsere Urgroßmütter nicht die geringste Ahnung hatten und die dennoch oft schmackhafter kochten – probier die Rezepte aus –, als wir so Gescheiten, so gut Ausgerüsteten es heute noch können. Und jetzt etwas Verblüffendes: Chemie hatten unsere Ahnen so gut wie gar nicht in der Küche, na und, Fleisch und Früchte wußten sie trotzdem haltbar zu machen, Eicr zu lagern ohne Kühlschrank, Kuchen und Brot zu backen ohne einen Elektroherd. Was das zu tun hat mit Medizin? Daß man nicht für alles und jedes das Fahrrad neu erfinden muß. Oder besser, daß wir nicht vergessen dürfen, wie es notfalls auch anders geht. Nein, nicht nur notfalls, bisweilen auch nachhaltiger, mit weniger Nebenwirkungen, schneller."

„Du ereiferst dich." Max hatte sich amüsiert. „Zurück zur Natur?"

„Ach, du bist dumm."

Der Medizinmann war klüger, fraglos hatte er ihr Herz gespürt und ihre Gedanken erraten. Nun erwiderte er ihr Vertrauen.

Draußen rumorte es wieder. Jetzt fiel etwas um, sekundenlang Stille, danach so etwas wie fliehende Schritte. Etwas Kompaktes bewegte sich dort, nie und nimmer waren das Ratten.

Unter Max' Kopfkissen lag eine Taschenlampe. Rasch ertastete er sie, hob das Moskitonetz an und schlich im Dunkeln zur Tür. Er lauschte – nichts. Geräuschlos zog er am Riegel und trat ins Freie hinaus. Nun stand er auf dem überdachten Brettersteg. „Ist da jemand?"

Keine Antwort, nichts regte sich.

Auch im Lichtkegel der Lampe war nichts Verdächtiges auszumachen. Mit Gräsern und Blättern spielte der Wind.

Du hast geträumt, sagte er zu sich selbst, die Lautstärke hast du wahrscheinlich geträumt. Du kennst doch die Redensart: Aus Mücken Elefanten machen. Halluzinationen passen zum Tropenkoller, so fängt er an, dann bist du schon mittendrin.

Er glaubte sich nicht. Es sind die Schritte von etwas Kompaktem gewesen. Ein Tiger ...? Unsinn, Tiger treten gewandter auf. Das weiß man aus Büchern, man muß sich nicht erst anfallen lassen. Sowieso wagt sich der Tiger nicht bis hierher. Ach, hol's der Teufel ...

Auf der Baustelle im Tal wurde an vielen Orten geschweißt. Der Widerschein des weißblauen Lichts huschte über Himmel und Berge. Noch nicht vier Uhr war es jetzt. Um sechs Uhr hatte er Schichtbeginn: in der Brigade. Parteisekretär war er ehrenamtlich, doch dafür rund um die Uhr.

Sich wieder hinzulegen, verspürte er keine Lust, es hätte auch nicht gelohnt. Mißmutig zog er sich an. Vielleicht ist Hoa schon wach, dachte er, gewöhnlich ist er vor mir auf den Beinen, ein Arbeitstier, als letzter ins Bett und als erster raus, er sagt, im Krieg gewöhnt man sich manches ab, warum also nicht auch den Schlaf. So mir nichts, dir nichts, na aber. Wenn man ihm zusieht, wie er sich hält, glaubt man ihm das sogar. Vielleicht hat er etwas in seinem Tee, irgendein Lebenselixier, denn Tee trinkt er viel, und der schmeckt bei ihm so, daß man sich gern dazu einladen läßt.

Einige Meter tiefer am Berg befand sich ein kleiner, notdürftig planierter Parkplatz. Der dort abgestellte Jeep – ein chinesisches Fabrikat – war für Reischock und Max reserviert. Dies auf dem Papier. Denn der Chefingenieur verwünschte das „Eselchen" inzwischen so sehr, daß es keinen Streit mehr darum gab und Max allein darauf „reiten" durfte. Und wahrlich, der Jeep war störrisch und bockte oft, er lahmte sozusagen und röchelte, hatte wacker gedient in der Armee, war dort mehrmals verwundet worden, und hinfällig, zu nichts mehr nütze, war er irgendwann ausgeschieden, und im vergleichsweise milden Zivildienst jetzt entpuppte er sich als Querulant, auf glatten Straßen verschnaufte er, auf Holperwegen fuhr er flott, und selbst das Gnadenbrot war ihm zuwider, sein Gnadenbenzin, so häufig verschluckte er sich daran. Helfer in der Not war dann Klaus Tilling, geduldig und liebevoll; „Eselchen", der Name stammte von ihm. Max wiederum hielt sich an die Devise, besser schlecht gefahren als gut gelaufen, und beharrlich verdrängte er die Erinnerung daran, daß er schon manchen Weg, den er auf vier Rädern begonnen hatte, auf Schusters Rappen zu Ende gegangen war.

Unter seinen Schuhen knirschte Geröll. Die Dunkelheit

störte ihn nicht, er kannte sich hier aus und wußte, wohin er trat. Fast war er enttäuscht, daß der Motor dem Starter gehorchte und schon beim drittenmal ansprang. Hätte er ihn mit der Handkurbel anwerfen müssen, wäre ihm wenigstens warm geworden. Er fuhr ohne Licht.

In weitem Bogen ging es bergab. Radfahrer hätten ihn überholen können, er zockelte nur: für „Eselchen" annähernd Höchstgeschwindigkeit. Das war kein Mangel auf dieser Strecke, *tiefe Furchen, Wind, Sand und Sterne, über den Fluß und in die Wälder, durch dick und dünn* – Junge, sagte er zu sich selber, wie bist du literarisch gebildet, sperr bloß die verdammten Augen auf, es wäre womöglich schade um dich. Und erst die Nachricht nach Hause: Er unterlag einem Schlagloch. Eine Pfütze war stärker respektive tiefer als er. Hugo Leichtsinn ward er genannt.

Nein, du, das muß nicht sein. Die kleine Frau magert so schon vor Sorgen ab – schreibt jedenfalls Alfred. „Am schlimmsten für sie sind die Fernsehberichte über Vietnam, sie leidet darunter, und gleichzeitig ist sie süchtig danach. Vietnam als Ganzes heißt Krieg für sie, kein Quadratmeter ohne Krieg. In jedem Film sucht sie Eure Gesichter. Du kannst Dir denken, daß ihr alle Kanäle recht sind, von hüben und drüben, ob es mir paßt oder nicht. Halt Dich senkrecht, Max, schreib ihr vom Bauen und überhaupt eine Menge Normales, das gibt es doch, oder, im wesentlichen läuft der Alltag so ab, ich weiß das, Du Held."

So ist es, Max Spinnt, da hast du es mal wieder gekriegt. Nachhaltig. Denn deine Briefe nach Bruch könnten inzwischen von Neutsch sein: *Die Spur der Steine.* Und von Mark Twain. *Tom Sawyers Abenteuer* haben Geschwister, weltweit. Also bau dir schon mal ein Textgerüst für deinen Brief heute abend. Anrede: „Geliebte Verwandtschaft!" Erste Zeile: „Wie geht es Euch, mir geht es gut. Nur der Zement taugt nicht viel." Fünfte bis achte Zeile, ungefähr dort: „Tilling bleibt problematisch. Er war über einen Balken gestolpert und hatte sich das Schienbein zerschrammt. Ihr kennt ihn, er hält den Mund, bis es eitert. Ina will helfen mit Penicillin. Aber nein, er verarztet sich selbst, er ‚bewässert' sich – falls Ihr versteht. Nun ja, wer sich düngt, gedeihet gut." Irgendwo auch etwas zum Krieg: „Ehrlich gesagt, hier in unserer Abgeschiedenheit begegnet er uns nur in den Lebensumständen der Menschen. Hilfsbereit sind sie und teilen das letzte Stück Klebreis mit dir. Das ist nicht nur traurig, das ist auch schön: Wenn einer den anderen braucht, wie sich jeder auf jeden verläßt."

Anstrengend. Anstrengender als diese Fahrerei. Max pustete.

Das Weißlicht der Schweißbrenner aus dem Tal war hier schon viel greller, es huschte nicht mehr über die Berge, es zuckte hinein. Rechts voraus auf einem Felsvorsprung, dort gleichsam versteinert, zeichneten sich die Umrisse eines Menschen ab. In vielen Nächten hatte ihn Max dort gesehen, stets unbeweglich, und wenn er auch wußte, um wen es sich handelte, geheuer war ihm der Anblick nicht. Was ging in dem Mann dort vor, was fesselte ihn an jenen Platz, wer oder was ließ ihn des Nachts nicht zur Ruhe kommen?

Auch Hoa wußte keine Antwort. Oder er wollte sie nicht geben. Er hatte gesagt: „Laß ihn, es ist sein Gebiet." Und du nennst ihn Genosse, hatte Max in Gedanken ergänzt, doch, das genügt.

Denn der Mann auf dem Felsen war der Anführer jener Kämpfer mit Armbrust und Pfeil, denen sie auf ihrem Marsch durch den Dschungel damals begegnet waren.

Überraschend für sich selbst, drückte Max auf die Hupe. Ein Gruß, gewiß, vielleicht aber zu aufdringlich, weil zu laut. Dann schien es ihm, als höbe der Mann den Arm, als winkte er ihm, als wüßte auch er, wer hier fuhr. Da freute er sich.

Bald führte die Strecke wieder bergan; Hoas Büro und Schlafstatt befanden sich in einer Höhle. Dies nicht zuerst aus Sicherheitsgründen – auch für die Spezialisten aus der DDR war, sollte ein Umzug erforderlich werden, eine größere Höhle reserviert –, sondern weil er sich strikt weigerte, für eigene Bedürfnisse Baumaterialien in Anspruch zu nehmen. Das Werk brauchte sie nötiger, dies seine Losung, wer sich im Wachstum befindet, der soll möglichst wenig entbehren.

Als wäre das Werk sein Kind.

Ein Bauherr. Das Bild des Bauherrn im Wandel der Zeiten.

Obwohl, dachte Max, gebaut wird wie vor Jahrhunderten, wie vor Jahrtausenden, jedenfalls auf den ersten Blick. Und natürlich am Tage: Im blendenden Sonnenlicht hebt sich das Leuchten der Schweißbrenner auf. Im Tal breitet sich dann eine Baustelle aus, wie sie vielleicht schon von Pharaonen, Khanen und Königen gesehen wurde – beim Errichten der Cheopspyramide, des Taj Mahal und des siebentorigen Theben. So weit das Auge reicht, sich anstrengende, ausgezehrte Körper. Beladene Schultern, in und um Gegenstände verkrallte knochige Hände. Verkrallt wie Hände von Sterbenden: in die Grasnarbe, den Schotter, den Sand und das Bett. Muskeln quellen hervor und Adern und Sehnen. Zu Berge liegen die Steine, das Holz und der Kies. Ochsen ziehen klobige Karren. Auch Menschen ziehen, sie schieben und ziehen, bugsieren. Überall wird gesägt und gehämmert, werden Schaufeln und Spaten und Spitzhacken in den Boden gejagt. Erbarmungslos brennt die Sonne. Oder Wind biegt die Gestalten, krümmt sie. Ihren Schweiß reißt er mit sich, aber was bringt ihm das schon. Bald Staub, bald Regen. Das Treiben hält an, Hunderte Menschen in jeder Schicht. Doch unter der Sonne glänzen die Körper, sie blitzen dann auf.

Dies wie vor Ewigkeiten.

Die Antreiber allerdings fehlen, die Schläger und Mörder im Sold. Wandtafeln gibt es. *Sozialistischer Wettbewerb* steht dort geschrieben, bisweilen in vietnamesisch und deutsch. Und manchmal, selten, dröhnt und rollt auch ein Kipper, rattert ein Förderband, quietscht ein elektrisch betriebener Lastenaufzug – Pharaonen und Könige sahen das nie.

Und sie sahen auch nicht die Splittergräben, die Tarnnetze und das tarnende Grün, unter dem jedes neue Stück Mauer verschwindet, Tag um Tag, jede Armierung und jedes Gerüst. Hol euch der Teufel, ihr Glücklichen!

Der Motor lärmte. Fehlzündungen, lauter als Gewehrschüsse. Und immer das Echo aus den Bergen, wie Querschläger. Max wurde durchgerüttelt. Aber jetzt war ihm warm, das Herz war ihm voll, und grimmig-froh rief er in den Fahrtwind hinein: *„Sagen wird man über unsere Tage: Altes Eisen hatten sie und wenig Mut …"* Große, tiefempfundene Zeilen, doch nun, da er sie sprach, verlachte er sie. Er hatte zu Hause gesehen, daß Not und Elend vergänglich sind, wenn – ja, wenn! Hier gab es die geforderte Kraft. *„… und man wird* das *junge* Werk *zu Füßen liegen sehn und wird sagen: Die den Grundstein dazu legten, wurden ausgelacht und hungerten…"* Macht nichts, dachte er, macht gar nichts. Fragt KuBa, den Dichter der Verse – wer zuletzt lacht, lacht am besten. KuBa hatte das noch bestätigt gefunden in seinem Land DDR. Denn dorthinein hatte er seine Worte gerufen, nicht nach Vietnam. *„Und im überlegten Handeln fluchten sie. Ach, zweifelten sie noch ihre eigne Kraft an."* Na, wenn schon. Wo die Sehnsucht Ideen entwickelt, wo dem Gedanken die Tat folgt, wird das Ergebnis kein schlechteres sein, nirgendwo auf der Erde. Übermütig krakeelte er nun: *„Doch den Kriegen folgte jene Zeit der Wettbewerbe, und die Zeit der Wettbewerbe war der Anbeginn!"* Dieses „Eselchen" war ein feines Gefährt.

Die letzten zweihundert Meter ging er zu Fuß. Von weitem bereits gewahrte er das flackernde Licht einer Petroleumlampe. Die brannte auf dem Plateau vor der Höhle, dem „Sitzungsraum" des Genossen Hoa. Um diese Stunde eine Parteiversammlung, das paßte zu ihm, das war er, wie er im Buche stand. Max lächelte und trat jetzt behutsamer auf. Ein wenig abseits wollte er warten.

Dreißig oder vierzig Männer und Frauen – er vermutete, daß Frauen darunter waren – hockten, fraglos das Gesäß auf den Fersen, ihrem Parteisekretär gegenüber. Im matten Licht aus dem Tal wirkten sie wie dort gewachsen, etwa wie große Rüben auf einem winzigen Feld. Sie sprachen verhalten, gerade so, als erzählten sie im trauten Kreis ihre Träume. Vietnamesische Lebensart. Versuche, an den Stimmen herauszufinden, ob jemand empört oder froh war, ob er sich gleichgültig verhielt oder ob ihn etwas erregte, hatte Max längst aufgegeben. Oberstes Gebot für Leute, die sich zu Wort meldeten, war: Erst denken, abwägen, was zu sagen ist, die Emotionen unterdrücken, dann sprechen. Unbedachte Worte, zum Schaden der Sache und der Person, fielen daher nur selten. Und nicht nur die Stimme, auch das Gesicht, die sparsamen Gesten unterlagen der Selbstkontrolle. Das war nicht nur Eigenart eines Volkes, in hohem Maße war es Ausdruck seiner Kultur. Sich davon manches abzusehen hieß, leben zu lernen. Man muß es ja nicht übertreiben, dachte er, Rückkehrer stiften daheim sonst Verwirrung: Was ist mit dir, du flüsterst ja nur, hast du was am Hals?

Die Versammlung löste sich auf, plötzlich. Nichts am Verhalten der Teilnehmer hatte darauf hingedeutet, daß sie gleich am Ende ihrer Beratung sein würden, es kam so hart wie ein Filmschnitt. Sie diskutierten auch nicht mehr in kleinen Gruppen, sie hatten es eilig, lösten sich voneinander, und ihre Wege trennten sich. Ihre Wege oder Pfade, je nachdem.

Einige kamen an Max vorüber. Niemand zeigte sich erstaunt, sie lächelten, als hätten sie von seinem Hiersein gewußt. Er grüßte sie ebenso.

Hoa stand jetzt allein auf dem Plateau. Den Kopf hielt er gesenkt, die Hand vor der Stirn.

Vielleicht war es Angst, die Max auf einmal um ihn empfand. Er hätte sie nicht zu begründen vermocht; der Anblick des in sich versunkenen Mannes war so beklemmend nun auch wieder nicht. Und doch war er betroffen davon. Lag es daran, daß dort ein Mensch stand, schmächtig, verletzlich? Schon möglich. Mit einer Selbstverständlichkeit, die an Unverschämtheit grenzte, hatte er Hoa bisher für einen Kader gehalten, nur Kader, gleichsam von der Natur dazu bestimmt – es war somit normal, ihm Schweres und Schwerstes abzuverlangen. Wie kam er zu dieser Einschätzung?

Wie schon in anderen Situationen auf andere Menschen bezogen, dachte Max wieder: Wer unter uns ist zuständig für die Zuständigen? Wer fängt Hoa auf, wenn ihm schwindelt, wem teilt er sich mit, wenn es ihm eng in der Brust ist?

Nun trat er mit Absicht geräuschvoll auf. Heiter rief er: „Tchao, Dong Chi!" Guten Tag, Genosse! hieß das, das ging schon in Ordnung, der neue Tag begann noch immer um Mitternacht.

Hoa kam ihm entgegen. „Max", sagte er, und es hörte sich dankbar an, er blickte ernst. Mit der Linken umschloß er bei der Begrüßung dessen Handgelenk. „Ich hatte gehofft, daß du kommst."

„Es gibt etwas zu besprechen? Wichtiges, meine ich?"

„Ja, es gibt. Leider nicht sehr erfreulich."

„Sachte mal, sachte", Max lächelte, „Wir hatten uns auf ein Prinzip geeinigt – die Frage ist immer, was man draus macht. Ja, wie die Quacksalber." Wehmütig-heiter sagte er das. „Wir zaubern aus leeren Händen. Nur verrat mir, Max, wenn schon aus Lehm kein Gold wird, wie soll dann welches aus gar nichts entstehen?" Er legte ihm die Hand auf die Schulter. „Rein mit dir, ganz bestimmt hat Trien für uns Tee."

Sie betraten die Höhle.

Der Büro- oder Dienstraum Hoas, selbstredend ohne Fenster, war etwa zwanzig Quadratmeter groß. Auf dem Schreibtisch – richtiger handelte es sich um ein Möbelwrack – dominierte ein altes Feldtelefon. Davor der Konferenztisch aus Bambus, belegt mit zwölf tablettartigen

Sperrholzplatten, den Schreibunterlagen. Dazu sechs Hokker auf jeder Seite des Tisches und eine schwache Glühbirne darüber, sie ohne Lampenschirm. Der einzige Schmuck hier: weißbeschriftete rote Wimpel, viele. Befestigt waren sie an den buckligen Felswänden, vermutlich angeklebt. Jeder Wimpel war soviel wie ein Orden, für Brigaden, größere Kollektive und vielleicht auch für Einzelpersonen. Reliquien, sie waren hier jedermann heilig – Max hatte es oft gespürt.

Für Prämien in Geld oder Naturalien oder sogar als Erholungsreisen gab es keine Reserven im Volk.

Hier, erst hier, hatte Max restlos begriffen, warum so viele Menschen der Sowjetunion, Beteiligte am Großen Vaterländischen Krieg, so würdig, so stolz und so ausdauernd die damals empfangenen Orden, die Medaillen und selbst die Abzeichen trugen. Sie trugen das Pflaster über der Wunde, trugen ihr Lächeln über dem Schmerz.

Trien kam hinter dem Schreibtisch hervor. „Wie geht es, Max, hast du gut geschlafen? Ich habe den Wetterbericht aus Europa gehört – in Deutschland ..., in der DDR soll es schneien. Ski Heil!"

„Hör auf, ich friere auch schon so. Auf keinen Fall jetzt lauwarmen Tee."

„Heißen. Extra für dich." Er schenkte ein. Dann krauste er die Stirn, befragte Max mit den Augen. Eindringlich tat er das.

Was war mit ihm, worauf wollte er hinaus?

Irritiert, auch verlegen, griff Max nach der Tasse, im Stehen noch. „Durst ist schlimmer als Heimweh."

Hoa nahm ihm gegenüber Platz. Wieder legte er die Stirn in die Hand.

„Woran denkst du?" fragte Max. Jetzt sprach er deutsch, und Trien übersetzte.

„An euch? An uns? An deine Enttäuschung ...?" Hoa beugte sich vor. „Max, zum Tetfest ist Waffenstillstand vereinbart worden."

„Na großartig. Ich gratuliere."

Hoa seufzte. „Wenn sogar die Soldaten Ruhe haben, wenn es still ist an der Front, wer wird bei uns dann arbeiten wollen? Die Baustelle wird leer sein ... Ich denke, ich kann nichts machen – es ist wie ein Trieb."

„Trieb wohin?"

Trien gab die Antwort. „Nach Hause, Max, wie bei euch zu Weihnachten. Alle wollen zu ihren Familien. Bei euch aber ..., ihr habt viele Feiertage, wir nur diese. Bei euch reist man Stunden, bei uns manchmal mehrere Tage lang."

„Das heißt ...?"

„Ja. Vielleicht zwei Wochen lang werden kaum Leute hier sein."

„So ernst?"

Trien schwieg.

Etwas von Brecht fiel Max ein, aus der Dreigroschenoper: *Ja, mach nur einen Plan / Sei nur ein großes Licht! / Und mach dann noch 'nen zweiten Plan / Gehn tun sie beide nicht ...* Überschrift: *Das Lied von der Unzulänglichkeit menschlichen Strebens.*

Hoa sagte:

„Eine geringe Chance für uns sehe ich noch – du stellst einen Antrag an uns. Du begründest, warum gerade in nächster Zeit Höchstleistungen erforderlich sind."

Schleppend sprach er, ohne innere Überzeugung. „Der Zement wird sonst hart oder etwas in ähnlicher Richtung ...?"

„Er wird nicht hart."

Hoa überhörte den Einwurf. „Ich hätte dann eine Handhabe, wenigstens den Parteimitgliedern gegenüber."

„Du gehst davon aus, sie würden bleiben – aus Parteidisziplin?"

„Einige ja, andere nicht."

Max schüttelte den Kopf. „Nein. Wir sind nicht hier, um euch das Leben noch schwerer zu machen." Allein der Gedanke, vietnamesische Hoffnungen und Träume unterlaufen zu sollen, kam ihm unmoralisch vor. „Ich hätte kein Recht dazu."

„Das Recht ... Ich räum es dir ein."

„Das kannst du nicht. Im übrigen, Hoa – dein Vorschlag in Ehren –, ich glaube dir nicht, daß du wirklich dahintersteshst. Das kannst du nicht ernsthaft wollen."

„Danke, Max." Er nickte. „Aus dir spricht großes Verständnis für uns. Leider werden die Probleme nicht kleiner dadurch."

„Die sind uns sowieso stets voraus." Max lachte. „Allmählich gewöhnt man sich daran." Er erhob sich, betrachtete, die Hände in den Hosentaschen, einen der Wimpel, griff dann nach dem unteren Ende des Kabels, an dem die Glühbirne hing, und leuchtete nun eher verspielt als auf der Suche nach etwas die Wände der Höhle ab. Nur für einen Moment tauchte das Foto Ho Chi Minhs auf, es war nicht größer als ein Schreibmaschinenblatt. Dieser Mann hatte in Höhlen gelebt, hatte sich in ihnen verborgen. Verzweifelt war er daran nicht, er wirkte überhaupt nicht nervös, seine Augen blickten freundlich und klar. Max wandte sich wieder Hoa zu und gab sich fröhlich. „Was soll sein, das Versäumte wird nachgeholt. Wie und wann, das fällt uns noch ein."

Trien blickte unzufrieden, fast böse.

„Du bist anderer Ansicht?"

„Ich habe hier nichts zu befehlen."

„Befehlen, wer redet davon. Warum so düster. Wer befiehlt?"

„Auch nichts zu sagen. Oder treffender: zu entscheiden."

„Und wenn du es hättest?"

Hoa folgte dem Dialog mit den Augen; las er nur in den Gesichtern, oder war ihm die deutsche Sprache weit weniger fremd, als er behauptete? In diesem Punkt traute ihm Max, und zwar seit sie sich kannten, nicht über den Weg.

Trien preßte die Fäuste gegen die Schreibtischplatte, vor Anstrengung atmete er kurz. „Nur eine Pflicht gibt es, nur eine, den Sieg! Wenn Zwang dafür erforderlich ist, dann eben Zwang. Ich wäre nicht weich.“

Plötzlich dachte Max, wenn das auch zehnmal wahr sein sollte, es klingt nicht richtig aus deinem Mund, nicht, wenn du erregt bist wie jetzt. Könnte es sein, daß Zwang bei dir immer erforderlich wäre? Zwang nicht nur aus Notwendigkeit, sondern als Methode, Menschen zu führen? Ich kann mir nicht helfen, Trien, du imponierst dir in deiner Härte; verzeih mir, falls ich ungerecht bin. Siege erzwingen, ja – dies aber mit Gezwungenen? Wessen Siege würden das werden?

Max hob die Schultern, er sagte freundlich: „Auf Landkarten sind die Flüsse nur blau, nicht tief, nicht reißend, keine Strudel. Die tauchen müssen oder übersetzen, wissen da mehr zu berichten – leider erst hinterher.“

„Wir Vietnamesen fürchten unsere Flüsse zuletzt.“

„Ich weiß. Aber ihr forciert sie dort, wo die Strömung am günstigsten ist, die Deckung am größten, der Wasserlauf am schmalsten, kurz, ihr laßt nichts, was euch dienlich sein kann, außer acht.“

„Und ich würde das tun? Das willst du doch sagen?“

„Nicht so. Sagen will ich, daß uns tausend andere Flüsse auch tausendmal anders fordern. Sogar ein und derselbe Fluß – denk nur an die Jahreszeiten – verändert sich fließend, heute kommst du ihm so bei, und morgen schon wäre das gleiche ganz falsch. Ich fürchte, so ist es auch mit dem Zwang.“

War es Mißtrauen, war es nur intensives Befragen: Trien wandte den Blick nicht von Max’ Gesicht. Er schwieg.

Jetzt klopfte Hoa mit dem Bleistift auf die vor ihm liegende Sperrholzplatte: ein Schlußpunkt, na klar. „Gut“, sagte er zu Max, „erst der neue Vorschlag, dann die Diskussion darüber. So früh wie möglich informiere ich dich.“ Vom Schreibtisch zog er sein Notizbuch herüber und blätterte darin. „Etwas anderes – du hast die Angelegenheit mit dem Schlüssel für das Werkzeuglager geklärt?“

„Ja. Das heißt, nein." Eine peinliche Frage. In besagtem Lager wurden aus der DDR gelieferte und nur von dort zu beziehende Werkzeuge und Ersatzteile aufbewahrt. Eine Schatzkammer sozusagen. Nun hatten vietnamesische Arbeiter dort einige Male vor verschlossener Tür gestanden und so wertvolle Zeit eingebüßt. Der eiserne Karl, seines Zeichens „Schatzmeister", war samt Schlüssel nicht aufzufinden gewesen. Daher letztlich der Antrag, den Schlüssel auch in vietnamesische Hände zu geben, einen für uns, einen für euch. Nur verlegen angedeutet, aber kaum weniger ursächlich für die Bitte war, daß die bisherige Einseitigkeit für manchen der vietnamesischen Arbeiter etwas Kränkendes hatte. Doch gerade das war der kitzlige Punkt ...

„Ich höre?" Hoa lächelte müde.

„Genosse Reischock schlägt eine andere Regelung vor: Der Schlüssel bleibt bei einer Person, sie – beziehungsweise ihr Kollektiv – trägt die Haftung für das Lager. Man könnte wechseln von Schicht zu Schicht, einmal seid ihr verantwortlich, das andre Mal wir. Anders gäbe es ein Durcheinander, wir verlören die Übersicht."

„Aha", sagte Trien, und es klang ein wenig rechthaberisch, „auf einmal siehst du überall Diebe. Aber du bist gegen Zwang." Für Hoa übersetzte er das.

Max blieb sanft. „Nicht unbedingt Diebe, aber Händler mehr als genug. Nichts, was die nicht gebrauchen könnten, wirklich phänomenal. Heute ist auf der Baustelle etwas greifbar, und übermorgen findest du schon einen Käufer dafür auf dem schwarzen Markt in Hanoi. Und wir warten auf die nächste Lieferung, wenn wir Pech haben, monatelang. Ist es nicht so?"

Statt zu antworten, putzte sich Trien die Nase, ausgiebig, er brauchte wohl Zeit.

Hoa ging hinter den Schreibtisch und kramte in einem Fach. Dann legte er eine angerissene Keksrolle vor Max hin. „Oder hast du schon gegessen?"

„Nein. Danke." Er las die Beschriftung: *Wurzener Butterkeks.* „Donnerwetter. Wo hast du die her?"

„Erstanden."

„Klar, erstanden. Aber wo?"

„Im Kleinhandel, schwarzer Markt."

Und ob sie nun lachten! Trien war so fröhlich, daß er beim Nachschenken den „Vorwärmetee" – kalte und erkaltete Tassen wurden damit ausgespült – nicht in das dafür bereitgestellte Gefäß entleerte, sondern ihn auf den Fußboden goß. Dabei war ihm anzumerken, er war sich seines Vergehens überhaupt nicht bewußt. „Wunderbar", sagte er, „wirklich, ganz wunderbar." Und es war dies ein Prädikat, das er gewöhnlich nur für den Fußball vergab.

Nun sah Max, Hoa war längst wieder ernst und still. Die Augen hielt er geschlossen, seine Nasenflügel bebten, und er preßte die Lippen aufeinander. Erneut stützte er die Stirn mit der Hand. Das sah aus, als hätte ihn das Lachen wie eine schwere körperliche Arbeit überanstrengt.

„Fehlt dir etwas?"

„Bitte? Nein, nein, es ist nichts." Er lächelte wieder. „Das mit dem Schlüssel ... Genossen Reischocks Idee ist gut. Ausgezeichnet, Max. Wir werden eine Art Wettbewerb haben, auch auf diesem Gebiet. Gemessen wird an der Inventur." Wie über noch junge Menschen, die er sehr liebt, die aber einfach nicht groß werden wollen, nicht erwachsen, schüttelte er den Kopf. „Wobei es egal ist, wer bei wem und wann etwas klaut, am Ende beklaut er immer sich selbst. Sie wissen es, wir dürfen nicht denken, sie wären dumm. Sie lassen sich nur verleiten, haben schlechte Gesellschaft: den Hunger, die Not allgemein. Du wirst mit eurer Parteileitung ebenfalls beraten, wie wir den Ausfall wettmachen können – den vom Tetfest, meine ich jetzt?"

„Selbstverständlich."

„Iß die Kekse nur auf, immer iß." Hoa gönnte sie ihm von Herzen; Stimme und Augen bezeugten das.

An der Felswand das Foto, nicht größer als ein Schreibmaschinenblatt. Ho Chi Minh in der Höhle. Jetzt war es Max warm.

Das Feldtelefon rasselte. Trien nahm ab, reichte den Hörer aber zu Hoa hinüber. Dem schien das lästig zu sein; zum Zeichen, daß er höre, räusperte er sich lediglich. Im nächsten Moment wirkte er alarmiert. Zweimal stellte er knappe Fragen, dann legte er auf. Er guckte verstört.

Trien fragte ihn etwas. Er hatte sich erhoben. Nach der Antwort trat er ein paar Schritte zur Seite, und plötzlich hatte er eine klobige Pistole in der Hand. Die steckte er sich hinter den Hosengürtel, ein Futteral dafür besaß er wohl nicht, und eilig verschwand er nach draußen.

Auch Hoa bewaffnete sich. Seine Pistole entnahm er demselben Fach, in dem die Kekse gelegen hatten. Auf russisch sagte er: „Fahren wir."

„Wohin? Was ist denn los?"

„Eure Arztpraxis brennt."

Max' erster Gedanke: Ina kann nichts passiert sein, sie ist unterwegs. Sekundenlang war er erleichtert, so als wäre die Nachricht an sich ohne weitere Folgen für ihn. Wie aber, schoß es ihm durch den Kopf, wenn sie inzwischen zurück war, wenn sie etwas vergessen hatte und es umgehend holen wollte …?

Er hastete Trien hinterher.

Fern am Berghang loderte Feuer. Da war nichts mehr zu retten, er sah es sofort. Trotzdem glaubte er, am Brandort gebraucht zu werden, dort Schlimmeres verhindern zu können, nur schnell mußte es jetzt gehen, schnell!

Unterwegs – sie benutzten einen anderen Jeep, Trien war der Fahrer – registrierte er das Bild, ansonsten eher unterbewußt, daß jener Felsvorsprung, auf dem er während der Herfahrt den Krieger der Meos gesehen hatte, nun unbesetzt war.

„Deine Frau schläft?" rief Trien.

„Nein! Sie macht einen Krankenbesuch!"

„Wo? Wer ist krank?“ Waghalsig fuhr Trien, wie unter Beschuß.

„Weiß nicht genau! In einem Meodorf!“

Trien ruckte mit dem Kopf herum, als hätte er sich verhört. „Wo ist sie?“

„Ein Kind ist erkrankt! Tam hat sie am Abend abgeholt!“ Max schrie, die Fahrgeräusche waren zu laut.

Für Trien war etwas nicht in Ordnung an dieser Kunde, wenigstens war sie ihm unverständlich. Er drehte sich um zu Hoa, sprach vietnamesisch, wollte merklich Auskunft von ihm.

Der beugte sich vor und reckte den Hals, ließ sich abermals fragen, machte schließlich eine bestimmte Geste und setzte sich wieder zurück.

Trien schüttelte den Kopf, er brabbelte vor sich hin.

Was dort brannte, war ein solides, wenn auch flaches Blockhaus. Auf dem Dach hatte ein großes rotes Kreuz geprangt. Inas Praxis und zwei kleine Krankenzimmer hatten in seinem Innern Platz gefunden. Zum Glück waren die Zimmer seit Tagen nicht belegt, dessen war sich Max sicher. Sobald jemand stationär behandelt werden mußte, teilte es ihm Ina stets mit.

Am Ziel. Dichter Rauch schwadete ihnen entgegen. Annähernd zweihundert Menschen, vorwiegend Vietnamesen, bildeten Eimerketten. Doch an Löschen war nicht zu denken, nur noch daran, ein Übergreifen des Brandes auf die Wirtschaftsbaracke und auf die Quartiere der DDR-Leute zu verhindern. Das schien zu gelingen.

„He, Max!“ Klaus Tilling hatte ihn entdeckt. Mit freiem Oberkörper, verrußt und schweißnaß, in jeder Hand einen Spaten, bahnte er sich einen Weg. „Nichts mehr zum Schippen da, was? Hier, nimm den. Wenn Sand richtig trifft, voller Batzen auf einen Fleck, löscht er beinahe so gut wie Wasser.“ Er zog Max am Ärmel. „Wo ist Ina?“

„Wieso, ich dachte bei dir? War sie denn nicht von den Meos zurück?“

Max starrte verzweifelt ins Feuer. „Ist jemand zu Schaden gekommen?"

„Niemand. War ja alles verrammelt, also erst gar keiner drin. Wir mußten die Tür aufbrechen."

„Habt ihr noch etwas rausgeholt?"

„Etwa nicht? Bis auf die Nägel in der Wand, das hätte gedauert ..."

„Du, mir ist nicht nach Witzen."

„Mir vielleicht?" Gleich blickte Klaus Tilling leidend.

Ihm aber auch so etwas zu unterstellen! Natürlich hätte er, wenn es nur irgendwie möglich gewesen wäre, selbst noch die Nägel aus den Wänden gezogen. Tilling, Klaus, das war nicht einfach ein Name, das war ein Markenzeichen und hier in Vietnam längst eins mit Klang. Bisher hatte Max nur Freude an ihm gehabt, und auch jetzt war er beeindruckt und freute sich. Er pustete echauffiert. „Sagenhaft. Da müßt ihr ja rangeklotzt haben ..."

„Geht. Halb so wild." Wenn Tilling ausholte mit dem Spaten und den Sand mehrere Meter weit warf, zeichneten sich seine Rippen ab. Sein Eifer bewies, daß er ausgesöhnt war. „Inas Krimskrams ist jedenfalls raus, Verbandzeug, Tabletten, die Möbel, sogar die elenden Spritzen, nicht so gut, oder? Sie bedroht dich damit, da wirst du ja irre, bei jeder Schramme bedroht sie dich." Er triumphierte: „Na, nicht bei mir!"

Schon nach Minuten zog Max ebenfalls Jacke und Hemd aus. Die Augen tränten ihm, er hustete, setzte sich ein wie die anderen, und doch war nichts Dramatisches in dieser Aktion, schwere Arbeit wurde geleistet, bittere Arbeit, das war alles, niemand fluchte, nirgends schrie einer herum. Wahrlich, Feuer zu begegnen, hatten die Vietnamesen gelernt.

Verschnaufte Tilling, blickte er – auf den Spatengriff gestützt – dauernd in dieselbe Richtung. Manchmal lächelte er dann, sehr schüchtern, sehr weich. Warum?

Allmählich kam ihm Max dahinter und war überrascht.

Mehr noch, anfangs wollte er seinen Augen nicht trauen, zu abwegig schien es ihm, viel zu gewagt von einem zurückhaltenden Menschen wie Tilling, ihn in solcher Beziehung zu sehen. Dort drüben schaufelte Ha, eine etwa fünfundzwanzigjährige Vietnamesin. Junge Frauen und Mädchen hier sahen – bedingt gewiß durch ihre Exotik – für die Männer aus der DDR beinahe immer reizvoll aus. Ha bildete da eher eine Ausnahme, streng wirkte sie, und eine wülstige Narbe an ihrem Hals heischte zudem Beachtung. Doch sie war es und keine andere, die Tillings Blicke erwiderte, die ein Gefühl dafür hatte, jetzt ruht er aus, jetzt muß ich gleichfalls pausieren. Eher geduldig als liebevoll sah sie zu ihm her, ernst und fragend, ein seltsamer Flirt, und doch wirkte sie anders als sonst, gelöster, fraulicher, in eigenartiger Weise schön.

„Klaus, Klaus“, sagte Max, er wußte sich verpflichtet dazu, aber er kam sich schäbig vor. Um Tilling das nicht merken zu lassen, beugte er sich tiefer über den Spaten.

„Was? Was ist denn?“ Ein heiserer Klaus.

„Ach, nichts.“

Sie schufteten wortlos und ziemlich lange. Sie wollten sich keine Pause für verletzende Fragen oder peinliche Antworten gönnen. Endlich, ohne die Arbeit zu unterbrechen, fragte Max keuchend: „Weiß man schon, wie es passiert ist?“

„Was? Der Brand?“

„Rat mal noch weiter, bist dichte dran.“

„Nichts Genaues. Sieht aber mächtig nach Brandstiftung aus.“

„Wer sagt das?“

„Keiner. Ich. Entzündet sich Jod oder so ’n Scheiß von selbst?“

Nein, sicher nicht. Auf einmal erinnerte sich Max an das Gepolter, das ihn aus dem Bett geholt hatte. Wie war das gewesen, was hatte dahintergesteckt? Wirklich ein Mensch? Ein Brandstifter, *der* Brandstifter etwa? Nicht auszudenken.

Leichtfertig kam er sich nun vor, das schlechte Gewissen verschloß ihm den Mund.

Unmerklich war es hell geworden. Im Gewimmel der Menschen gewahrte er jetzt auch von Beyer und Reischock. Also war die Nachtschicht vorbei, er selbst mußte schleunigst zur Arbeit, war überfällig und hier abkömmlich, es wurden nicht mehr so viele gebraucht. Nur noch vereinzelte Feuerherde loderten da und dort auf, dazwischen dreckschwarze Asche und eine Menge verkohltes Holz. Den Spaten gab er an Tilling zurück. „Schnapp dir den Langen, der lümmelt so rum."

Zunächst benutzte Max sein Hemd, um sich damit trokkenzureiben. Später ging er wie einer, der sich hatte durchprügeln lassen, von vielen, von allen Seiten zugleich. Schuldgefühle, was sonst.

„Na, Kollege Spinnt?" Eine Stimme ohne Resonanz, flach und schmal. „Da wird deine Frau wohl nach Hause fahren? Arbeitslos, wenn ich noch gucken kann."

Der das sagte, gehörte zur Truppe der Stahlwerker, ein athletischer Bursche mit auffallend kurzen Armen. Lübz hieß er, Ewald Lübz, die Kollegen riefen ihn Waldi. Seine Augen hätten aus Glas sein können, und wenn es erlaubt war, von bewegten Gesichtern zu sprechen, so herrschte in seinem stets Flaute. Nicht ganz, das blonde Bärtchen auf der Oberlippe hoppelte ab und an. Dennoch sah er gut aus, ein gebackener Mann sozusagen, ein Frauentyp. Diese Visage, hatte Ina einmal gesagt, wenn ich nur hinsehe, könnte ich ihm eine schmieren. Ein ungewöhnliches Engagement, wirklich bemerkenswert. Max hatte sich auch seinen Teil gedacht. Im Moment guckte Waldi zwar unverfroren, aber er hatte seit Stunden gewuracht, unbestritten ein Held der Arbeit, Schmutz und Schrammen seine Belege, und so sagte Max nur: „Halt doch die Klappe, Junge. Und putz dir die Nase, hm?" Gräßlich, solche Neider. Als wäre Ina einzig zu seinem Vergnügen mit hier. Max dachte wieder an die beiden Mädchen.

Zugegeben, einen Türsturz zu mauern war schwer.

Doch dieser hier war nun gar nichts, er war um vieles zu flach geraten, da steckte überhaupt keine Spannung drin. Ohne das provisorische Brett darunter würde er durch sein Eigengewicht in sich zusammenbrechen. Zu hoffen, daß er später eine Wand tragen könnte, ihr Gewicht nach den Seiten verlagern würde, war einfach absurd.

Dabei hatte Max den beiden Mädchen an anderer Stelle vorgeführt – und das nicht nur einmal –, wie diese Arbeit zu machen ist, hatte ihnen gezeigt, wie ein sauberer Sturz aussieht. *Erklärt* hatte er es nicht, wie denn auch, an jedem Arbeitsplatz über einen Dolmetscher verfügen zu können war wohl etwas zuviel verlangt, doch sich belehrend hinzustellen, den Wissenden herauszukehren war hier sowieso kein gangbarer Weg. Vielleicht war keine andere Eigenschaft der Vietnamesen dermaßen ausgeprägt wie ihr Stolz. Sie übernahmen, guckten sich etwas ab, so unauffällig wie möglich, waren aufnahmefähig in fast unglaublicher Weise, geborene Kundschafter, wenn man so wollte, nur zu *belehren* waren sie nicht. Dann schienen sie durchgängig taub zu sein, eine ruf- oder abrufbare Volkskrankheit sozusagen: Schlecht hören kann ich gut, bloß gut sehen kann ich schlecht.

So mancher aus der DDR kam mit dieser vornehmen Eigenschaft bis jetzt nicht immer zurecht.

Max ja, wenn auch mit Mühe, zumindest hatte er es sich so gedacht, und diese zwei Mädchen waren zudem schon tüchtige Maurer, anstellig, fleißig, er durfte den Türsturz von ihnen verlangen, sie waren soweit. Denn mit diesem Werk sollte noch etwas anderes wachsen: der Stamm der Facharbeiter im Land.

Pustekuchen. Bis eben hatte er an der geraden Wand gemauert, war von den Mädchen gerufen worden und stand nun wütend vor ihrem bedrückenden Fabrikat. Zwei Stunden hatten sie dafür gebraucht, vorwärts zu neuen Erfolgen, es lebe die Arbeitsproduktivität! „Das hältst du im

Kopf nicht aus", sagte er, „das hältst du nicht aus!" Jähzorn überkam ihn, und wie ein Besessener schlug er mit einem Hammer das Brett weg, und der Sturz brach herunter. Das Poltern, das Krachen der Steine befriedigte ihn ein wenig. Doch erst einmal ins Unrecht geraten – natürlich spürte er, daß er sich unmöglich verhielt –, baute er seinen Vorsprung noch aus. Ohne die Mädchen anzusehen, nahm er jede beim Handgelenk, schüttelte sie und schimpfte: „Was sind das – Hände? Dann möcht ich gern wissen, wozu ihr die habt! Wahrscheinlich nur, um mit Stäbchen zu futtern! Haut lieber ab!"

Bösartig war er, ein Chauvinist – er wußte es. Was hatte ihn so außer Fassung gebracht, alle Selbstbeherrschung verlieren lassen? Der Brand doch nicht nur ...? Na, wenn schon, dachte er, sagt mir denn einer, wo Ina ist? Sagt mir das einer! Einen Dreck interessiert es euch, einen Dreck, daß ich nicht mehr weiß, wie das alles noch werden soll. Ich bin alle, Mensch, begreift ihr das nicht, irgendwann bin auch ich einmal alle. Wie bring ich das meinen Leuten bei: Zum Tetfest sind wir allein hier, zwei Wochen lang, so gut wie allein? Du, das sag ich dir, vor Begeisterung werden die nicht mehr können, ich hör schon die Kommentare, die ruhn sich aus, und wir schuften, da weiß man doch endlich, wofür wir unsre Familien entbehren, es lebe, hoch lebe die internationale Solidarität!

Die Mädchen hatten sich weggedreht. Sie hatten nichts mehr mit ihm zu tun. Er war ein *Franzose,* ein *Amerikaner,* er war einer der Fremden, die in der Geschichte des Landes – ob als Missionare, ob unter Waffen – am Ende nie Gutes gestiftet hatten.

Er, Max Spinnt, ein Parteisekretär aus der DDR.

Nun ging er weg, die Bretter der Rüstung bogen sich unter ihm. Wenn schon feige, dann wenigstens auf der Flucht. Er setzte sich auf den ausgefransten Rand eines Kalkkastens und nahm den Kopf in die Hände. Und Hände sah er, unentwegt Hände: die der vietnamesischen Mädchen. Zierlich waren sie, zu schmal und zu klein für die großen Steine. Und dennoch waren sie ihnen gewachsen, im allgemeinen waren sie es. Hände wie von Kindern, ebenso schmutzig, ebenso lädiert. Härter aber, Hornhaut an den Innenflächen.

Er schämte sich. Geh hin, sagte er zu sich selber, bitte sie um Entschuldigung. Er rührte sich nicht, er saß wie an den Kasten genagelt. Ihm war elend, die Stirnhaut unter dem Schweiß war kalt.

Die Mädchen hockten nun auf den Fersen, seit längerem schon. Das Bauen ringsum ging sie nichts an.

Ihn ärgerte das, und es ärgerte ihn vor allem, weil es ihm von Herzen gefiel. Diese Würde, dieser Stolz! Darin hatte er sie nicht beschädigt, wenigstens darin nicht.

Hoch, Max, beweg dich! Seine Beine konnte er zwingen, die düstere Miene widersetzte sich noch, sie spannte sein Gesicht. Mit der Hand fuhr er sich über die Augen. Ein bißchen half es. Im Rücken der Mädchen legte er sich auf den Boden der Rüstung. Er schniefte und schnaufte. Wirkungslos alles. Er brachte es zum Hustenanfall.

Sie drehten die Köpfe, langsam zwar, aber immerhin hilfsbereit.

Die Ellenbogen aufgestützt, verschränkte er die Hände unter dem Kinn. Dabei mimte er den Unglücklichen, den von der Macht des Schicksals Niedergestreckten. Vielleicht wirkte das nicht mehr komisch, sondern schon albern, er führte etwas im Schilde damit. Eine Lehrvorführung sollte es werden, sie war von ihm spielerisch eingefädelt und also verdeckt.

Es dauerte, bis sie schmunzelten. Da wackelte er mit den Ohren, und schließlich kicherten sie sogar.

Ihrer Aufmerksamkeit gewiß, versuchte er nun mit dem Kinn den Bogen aus Armen und verketteten Händen gewaltsam herunterzudrücken. Das Ächzen täuschte er vor, sie sollten erkennen, ungeheurer Druck wird auf den angenommenen Sturz ausgeübt, und trotzdem, das Bauwerk hält. Er ging nämlich von der Annahme aus, die Mädchen hatten beim Mauern die statische Funktion des Sturzes gedanklich nicht erfaßt gehabt. Hauptsache, Steine im Kopfstand, hatten sie vielleicht gedacht, des schöneren Bildes wegen, der Sturz als Zierde. Ihr fortdauerndes Kichern jetzt war aber eher entmutigend. Wahrscheinlich glaubten sie, er wäre nur auf Versöhnung aus und stelle sich ihnen als Witzbold vor.

Blödes Spiel, das durfte er keinem erzählen.

Um aufzugeben, war es andererseits zu früh. So nahm er die Arme jetzt weiter auseinander, verflachte den Bogen auf diese Art beträchtlich und belastete die Hände erneut mit dem Kinn. Dieses Mal brach er durch, es knallte sogar.

Die Mädchen verstummten, blickten erschrocken: als müßte er sich weh getan haben.

Er zwinkerte, grinste. Er wiederholte das Experiment.

Jetzt rätselten sie. Und tuschelten miteinander. Und blickten tatsächlich zur Türöffnung hin.

# Nachbemerkung

Horst Bastian konnte den fünften Band von „Gewalt und Zärtlichkeit", der den Romanzyklus abschließen sollte, nicht mehr beenden. Er hat ihn als Fragment von einhundertsiebzig Manuskriptseiten nach seinem Tod am 13. April 1986 hinterlassen. So wissen wir im einzelnen nicht, wie die Handlung weitergehen sollte, wohl aber kennen wir die Fabel. Ein Exposé, das der Autor im September 1984 geschrieben hat, gibt darüber Auskunft. Wir werden es zu Hilfe nehmen müssen, obgleich wir voraussetzen dürfen, daß manches verändert worden wäre.

Die Zentralfigur des Romans, Max Spinnt, inzwischen ein reifer ernster Mann von fünfunddreißig Jahren, seelisch stark geworden durch viele Prüfungen, hat sich für den Einsatz in Vietnam entschieden. Sechs Jahre wird er dort bleiben, es werden für ihn die härtesten seines Lebens.

Das Fragment schon läßt ahnen, wie schwer es den Arbeitern aus der DDR fallen wird, in Vietnam durchzuhalten. Der Text bricht ab, als Inas Arztpraxis einer Brandstiftung zum Opfer gefallen ist. Wer der Täter war – man kann es nur erraten, möglicherweise Ewald Lübz, der mit wenigen Worten charakterisiert wird. Bastian hat in seinem Exposé dazu nichts gesagt, auch Inas Besuch bei den Meos ist nicht angekündigt. Offenbar aber wird sie sich von der gewaltsamen Zerstörung ihres Arbeitsplatzes nicht entmutigen lassen, denn sie soll noch zwei Jahre in Vietnam bleiben. Dann allerdings muß sie in die DDR zurück, weil sie ein Kind erwartet. Aber lesen wir selbst, wie der Autor den Fortgang seiner Geschichte plante:

Die vietnamesischen Genossen, verständnisvoll und geduldig, mildern die von den Europäern doppelt und dreifach empfundenen Härten, wo sie nur können. Fleißig sind die Vietnamesen, stolz und wißbegierig. Aber man darf sie nicht belehren. Abgucken wollen sie sich alles, nicht gerade heimlich, aber doch so wie nebenbei. Und sie entdecken dazu sofort: Not macht erfinderisch. Dieses Miteinander will von beiden Seiten gelernt sein, das geht nicht ab ohne Komplikationen.

Die Spezialisten aus der DDR, bisweilen sind es fast hundert, leben in einem eigenen bewachten Camp. Nach einem Jahr schon spielt man dort sogar Volleyball. Und man hat einen Hund als Maskottchen, ein verwöhntes Tier, und eines Tages wird es verschwunden sein; Hundefleisch wird in Vietnam als Nahrung und Heilmittel hoch eingeschätzt. Die Folge wird sein: eine Verwirrung der Gefühle. Die Verpflegung der Deutschen kommt – wenn sie kommt – von zu Hause. Im Camp und auf der Arbeitsstelle: Ungeziefer, Ratten, Moskitos und Schlangen. Trotz all der Widrigkeiten ist dieses Leben nur schwer vergleichbar mit dem der Vietnamesen. Kontakte über die Arbeitssphäre hinaus sind nicht besonders erwünscht, Sicherheitsgründe, aber nicht nur. Trotzdem wird es diese Kontakte geben, sehr tiefe Freundschaften unter Männern bis hin zu der durch ein besonderes Ritual erwirkten, sehr ernst zu nehmenden Blutsverwandtschaft.

Für die Beziehungen zu vietnamesischen Frauen und Mädchen sind die Grenzen sehr viel enger gesteckt, ja fast unüberwindbar. Für eine wirkliche Liebe gilt das natürlich nur bedingt, wie immer und überall. Der Konflikt ist vordiktiert.

Fast alle Arbeiten werden manuell verrichtet. Körbe an Tragstöcken, hauptsächlich von Frauen und Mädchen geschleppt, sind die Hauptbeförderungsmittel. Die Bedingungen für den Bau des Werkes sind keinesfalls besser als jene, die ein Pawel Kortschagin einst beim Bau der Eisenbahnstrecke hinnehmen mußte. Komplizierter dagegen wohl. Und keine der Arbeiterinnen, die nicht jemanden zu betrauern hat oder bangen muß um einen ihr nahen

Menschen an der Front. Dauernd und allgegenwärtig der Krieg.

Niemand, der nicht in unmittelbarer Nähe seines Arbeitsplatzes sein Gewehr hat, ausgenommen die Männer aus der DDR. Die Baustelle hat ihr eigenes Flak-Bataillon.

Ausgemusterte Kriegsversehrte, nun hier als Arbeitskräfte oder Kader eingesetzt, berichten von der Demoralisierung und der Verwüstung im Süden des Landes: Prostitution, Rauschgift, Korruption, „Tigerkäfige“ und entlaubte Wälder …

Unglaublich die Unbeugsamkeit der Vietnamesen, ihre Methoden und Listen, einem militärischen Riesen die Stirn zu bieten. Und immer wieder wichtig dabei – die internationale Solidarität. Die wichtigste Lehre aus diesem Kampf: Nur der ist wirklich verloren, der sich von vornherein verloren gibt.

Aber es wird auch deutlich, was Imperialismus in Aktion ist, was ihm Selbstbestimmung, Würde des Menschen und die „Unantastbarkeit der Wahrheit“ bedeuten …

Das Stahl- und Walzwerk wächst, es wird bombardiert, schrumpft wieder und wächst erneut. Um die Zeit des Tetfestes herum liegt die Baustelle für vierzehn Tage manchmal fast still. Die Vietnamesen zieht es nach Hause. Auch sonst ist es schwer mit der Einstellung zur Arbeit. Vietnam hat keine proletarischen Traditionen. Aus tiefem Feudalismus und Kolonialismus der Sprung in einen gerechten sozialistischen Krieg. Dem wird ein sozialistischer Frieden folgen müssen. Aber wo sind die Grundlagen dafür? Es gibt sie nur in beklemmender Weise unzureichend, sowohl was die materiell-technische Basis betrifft wie auch die Arbeiterkader. Schon jetzt drängt sich die Frage auf: Wird das fertige Werk im Frieden überhaupt produzieren können, wird es Strom zur Verfügung haben, werden sich Freiwillige zur Arbeit finden, um hier im Gestank der Industrie und nicht wie gewohnt unter freiem Himmel letztlich sogar weniger zu verdienen als im profitablen Kleinhandel?

Und trotzdem, die Frage ist nicht gut, ist nicht kommunistisch gestellt. Irgendwann und irgendwo muß die Zukunft begonnen werden. Sie selbst muß sich die Zugzwänge setzen. In diesem Sinne ist das Werk ein großes Symbol.

Nach fünf Jahren Bauzeit, Jahren im Krieg, wird in der Nacht vom 30. April zum 1. Mai 1975 der erste Stahl geschmolzen. In diesen Stunden fällt auch Saigon. Der inzwischen „vietnamisierte" Krieg gegen die USA und ihre Marionetten ist zu Ende. Menschen springen im Glückstaumel aus den Fenstern. Vietnam traut sich zu weinen, zum erstenmal: jetzt, da es vor Freude geschieht.

Der Roman reicht hinein in die ersten Monate des Friedens. Nein, es wird kein bequemer Frieden, schon gar nicht einer zum Ausruhen sein. Doch die Vietnamesen sind kein Volk, das sich verloren gibt. Jetzt schon ganz und gar nicht mehr.

Max Spinnt, als Parteisekretär mittel- oder unmittelbar an allem beteiligt, erfährt Freude und Leid in diesen Jahren sehr intensiv. Eines Tages wird er wissen: Er liebt dieses Vietnam, und er liebt diese leisen und freundlichen, durch nichts zu brechenden Vietnamesen, und er weiß dann, er wird zurückkehren wollen, an seinem hundertsten Geburtstag noch. Güte lernt er von ihnen und Toleranz und ebenso Unnachgiebigkeit.

Dennoch wird er oft vorangehen, weniger Lehrer als Beispiel sein müssen. In Hitze und Regen, in Kälte und Schlamm. Er wird es vorleben müssen, daß nicht nur das Kämpfen an der Front, sondern auch das Bauen für den Frieden unter allen Bedingungen möglich ist.

Zwei Jahre mit Ina, zwei Jahre privaten Glücks. Es ist eine Liebe, in der sie beide zu verbrennen scheinen, als müßte alles nachgeholt werden, alles aus ihrem bisherigen Leben, und in der sie beide doch nur stärker werden, nichts anderes sonst. Partner sind sie sich und Stützen, und jeder ist es dem anderen in gleichem Maß. Dann wird Ina schwanger, von Max nicht gewollt, von ihr ertrotzt. Nun allerdings muß sie nach Hause, die Vorschriften verlangen es so.

Ein letztes gemeinsames Wochenende in der Ha-Long-Bucht. Rückfahrt nach Haiphong, ein Fliegerangriff. Sie flüchten in ein Reisfeld. Ina wird verletzt, nicht gefährlich, aber das weiß Max noch nicht. Irrsinnig vor Angst und Schmerz, nimmt er das Gewehr einer gefallenen Vietnamesin und feuert ungedeckt auf Tiefflieger. Er ist kein Kombattant, aber er kann sich nicht heraushalten, kann's einfach nicht, und der Haß auf die Aggressoren wird ihn nie mehr verlassen.

In Bruch bringt Ina einen gesunden Sohn zur Welt. Sein Rufname wird vietnamesisch sein. Ein einziges Mal wird Max auf Urlaub kommen, selig und gequält, überschäumend und in sich gekehrt.

Das Kind wird seine ersten Jahre in der Obhut der kleinen Frau – um alt zu werden, hat sei einfach keine Zeit – in Bruch verleben. An den Wochenenden kommt Ina. Die Treue zu ihrem Mann erstreckt sich auch auf ihren Arbeitsplatz im Kombinat „Blaues Wunder".

Ansonsten ist Max in Vietnam gefordert. Natürlich ergibt sich noch mehrmals die Chance für einen Urlaub, aber immer kommt etwas dazwischen, immer wieder tritt er zurück. Da erkrankt jemand, der nunmehr statt seiner fliegt, oder grobe Disziplinlosigkeit zwingt dazu, einen anderen nach Hause zu schicken, oder der sogenannte Tropenkoller – Depressionen, Wutausbrüche, Trinken nach Feierabend, Lethargie – verbietet ein Verbleiben des Betroffenen.

Auch Tom von Beyer, in wunderbarer Weise Genosse und Kamerad, ein hervorragender Arbeiter, wird in dieser Form Besorgnis erregen und schließlich nach Hause müssen.

Klaus Tilling wird sterben, zu dieser Zeit schon mehr als drei Jahre in Vietnam, durch seine erste und einzige Disziplinlosigkeit: beim Entschärfen eines Blindgängers auf eigene Faust. Ein Held? Ein Versager? Hätte Max ihn mitnehmen dürfen? Die Verantwortung lastet schwer auf ihm. Auf wieviel Schultern ruht die Welt?

Holger Reischock, der Chefingenieur, wird oft nicht von den Arbeitern zu unterscheiden sein, auch nicht im Tun, doch wenn, so allenfalls durch seine Frohnatur. Dann wird er abgelöst.

Vom ursprünglichen „Stamm" bleibt nur Max bis zuletzt. Allmählich verhärtet er innerlich, wird bitter, auch ungerecht anderen gegenüber: wenn sie nicht ebenso hart sind wie er.

Doch er bleibt seiner Aufgabe gewachsen. Seine Konflikte resultieren aus seiner Verantwortung, kaum aus Fehlern, die er begeht. Sicher ist er kein fertiger, wohl aber ein gestandener Kommunist, ein reifer Mann.

In seiner Freizeit schreibt er nunmehr sein Leben auf, Stichpunkte, einzelne Episoden, kein fertiges Manuskript. Später, im Alter, könnte eins draus werden. Am Ende werden es Hunderte beschriebener Seiten sein, die er mit in die Heimat bringt.

Manchmal wird ihm schwindlig, manchmal schmerzt das Herz. Er gibt nichts darauf, er hält's für normal unter diesen Umständen. Vier Wochen Urlaub im Frieden, und wie neugeboren wird er dann sein.

Politische Nachrichten von zu Hause treffen ein: der Grundlagenvertrag, die diplomatische Anerkennung der DDR, der VIII. Parteitag mit seinem Programm, Erich Honecker als neuer Generalsekretär, die Konferenz von Helsinki, die Weltfestspiele, Walter Ulbrichts Tod ... Manches wirkt von hier aus größer, als es zu Hause empfunden wird, anderes relativiert sich zum Kleineren hin. Aber immer nehmen auch die Vietnamesen Anteil: Es geht um die eine und einzige Welt.

Das Stahlwerk wächst der Vollendung entgegen. Es wird schon heute bewacht und verteidigt, wie es erforderlich ist für den Frieden von morgen. Es ist sein Symbol. Und ein

Symbol der Gemeinsamkeit, der Solidarität und des proletarischen Internationalismus.

Doch welche Brücken zueinander waren beim Aufbau zu finden! Zwei sehr verschiedene Kulturkreise trafen aufeinander. Internationalismus, das spricht sich so leicht, aber wie schwer ist er manchmal zu leben.

Max erlebt die Stunde des Sieges. Die Vietnamesen stekken ihn an, er wird weich, er wird zärtlich, sie sind Menschen im Glück.

Bis zu seinem Abflug vergehen noch einige Monate. Aber nun ist er voller Pläne, er fühlt sich stark für die Mühen der Ebene zu Hause. Das Leben im Krieg ist keine Alternative zu ihnen.

Abschied von Freunden.

In Schönefeld wird er erwartet: Ina, von Beyer, Stralsund ... Sie begleiten ihn nach Bruch, sind schon dabei, ihm ein Studium aufzuschwatzen. Er ist willig, gern hört er zu.

Plötzlich will er einen Abstecher machen: zur Nervenklinik, zu Karin. Die Kranke erkennt ihn nicht.

Bruch dann. Die Freude des Wiedersehens. Nur Herbert und der Reiter fehlen. Der Bruder ist an der Offiziershochschule in Kamenz und Alfred mit einer Delegation in der Sowjetunion. Gespräche, Lachen. Mitten im Satz bricht Max ab, er reißt sich das Hemd auf, stürzt. Er ist tot.

Schmerz und Verzweiflung, Fassungslosigkeit. Und doch, die kleine Frau ringt um Haltung, das gelingt ihr sogar deutlicher als Ina. Da kommt der Pfarrer, die Grabrede will er mit der kleinen Frau besprechen: Während all der Jahre hatte sie heimlich die Kirchensteuer für Max bezahlt, jetzt kommt es heraus. Dennoch lehnt sie den Pfarrer nun ab; an Max' Grab soll einer von seinesgleichen sprechen. Die Freunde fühlen sich außerstande. Sie verpflichtet einen weltlichen Redner.

Die Beerdigung. Herbert ist gekommen, das halbe Dorf hat sich versammelt. Es ist schlimm, der Redner stimmt die

Traurigen trauriger, ist viel zu eng in seinen Gedanken, viel zu privat.

Plötzlich jemand auf einem Fahrrad: der Reiter, im Straßenanzug noch, so wie er angelangt ist im Dorf. Er schiebt den Redner beiseite. Bis ins tiefste erschüttert, ist er doch noch einmal Soldat, aufrecht. Was glotzt ihr, sagt er, was steht ihr herum wie die Trauerweiden. Wer so gelebt hat wie der da im Sarg, kann nicht und wird nicht sterben.

Es wird eine Rede auf das Leben, auf den Sinn des Lebens in unserer Zeit.

Hinterher muß man ihn stützen – Bohumil Nowack, fast neunzigjährig, sieht es zuerst und tut es.

Am Abend dieses Tages. Herbert und Grit – sie ist nun sechzehn – suchen den Reiter. Sie finden ihn, auf dem Grabenrand sitzend, beim sowjetischen Ehrenmal. Dort, weil er mit Max allein sein wollte, wie er sagt.

Herbert ist irritiert: Aber Papa, er liegt auf dem Waldfriedhof.

Nein, sagt der Reiter. Die gelebt haben wie Max, liegen alle hier. Er ist gefallen für uns.

Ende der Romanfolge „Gewalt und Zärtlichkeit“